Frank Henning

# Krieg im Gehirn

Frank Henning

# Krieg im Gehirn

## Wie uns der Stress beherrscht

Die Deutsche Nationalbibliothek verzeichnet diese Publikation
in der Deutschen Nationalbibliografie;
detaillierte bibliografische Daten sind im Internet über
http://dnb.d-nb.de abrufbar.


Redaktion: Hannah Thomas, Bonn
Umschlaggestaltung: Peter Lohse, Heppenheim
Bild: Mind Storm 3. © Chris Harvey – Fotolia.com
Satz: SatzWeise, Föhren
Die Herausgabe des Werkes wurde durch die Vereinsmitglieder
der WBG ermöglicht.
Gedruckt auf säurefreiem und alterungsbeständigem Papier
Printed in Germany

Besuchen Sie uns im Internet: www.wbg-wissenverbindet.de
ISBN 978-3-534-24294-8

Die Buchhandelsausgabe erscheint beim Primus Verlag.
Umschlaggestaltung: Jutta Schneider, Frankfurt a. M.
ISBN 978-3-89678-770-5
www.primusverlag.de

Elektronisch sind folgende Ausgaben erhältlich:
eBook (PDF): 978-3-534-71839-9 (für Mitglieder der WBG)
eBook (epub): 978-3-534-71840-5 (für Mitglieder der WBG)
eBook (PDF): 978-3-86312-760-2 (Buchhandel)
eBook (epub): 978-3-86312-761-9 (Buchhandel)

# Inhaltsverzeichnis

# Einleitung

In diesem Buch geht es um den Krieg, den viele mit sich selbst führen. Wer von uns ist nicht ab und zu mit seinem Inneren im Konflikt?

> Zwei Seelen, wohnen, ach, in meiner Brust
> *Johann Wolfgang von Goethe*

Dieser Ausspruch klingt zunächst harmlos, weil dieser Zustand meist recht schnell wieder vergeht. Was aber, wenn dieser innere Konflikt permanent ist?

Gute Vorsätze – die meist aufgrund von äußerem Druck gefasst werden, wenn das innere Kind sich brav und einsichtig zeigt – sind meist der Beginn eines inneren Konflikts.

Die eine innere Stimme sagt: *Nun tu mal endlich was! Gib dir mehr Mühe! Streng dich an!*

Oder konkreter: *Mach mehr Sport, nimm ab, gewöhn dir das Rauchen ab …*

Diese Stimme klingt wie ein innerer Antreiber, eine Art Kommandant im Hinterkopf, den ich daher gerne als *Il Commandante* bezeichne. Dieser innere Konflikt hat tatsächlich etwas Militärisches an sich: Die Befehle muss nämlich ein ganz anderer Anteil ausführen als der, der sie erteilt hat. Die meisten sagen zu beiden inneren Anteilen einfach *ich*, man sieht sich als Individuum, was bedeutet: das Unteilbare.

Sehr schnell aber meldet sich ein dritter Anteil, der an die Stelle des braven inneren Kindes tritt: das renitente Kind, das sagt: *Mit mir nicht! Ich habe keine Lust!*

So werden nicht nur Anweisungen umgangen oder torpediert, die von außen kommen, sondern auch „eigene“ Beschlüsse – Sinn dieses Vermeidens ist meist der Versuch, die eigene Autonomie zu bewahren. Das deutet darauf hin, dass die Beschlüsse und Ziele nicht wirklich die eigenen waren, sondern von außen übernommen: Meine Ziele waren nicht meine eigenen Ziele, sondern ich habe sie nur dafür gehalten.

Wenn man erkennt: *Ich hatte mir noch so viel vorgenommen und kaum die Hälfte davon geschafft!*, dann wird der innere

Antreiber mit noch mehr Strenge reagieren: Meist schimpft man dann innerlich mit sich selbst, es nicht geschafft zu haben, und vergrößert seine Bemühungen – was den inneren Konflikt weiter verschärft, da der renitente innere Anteil ebenfalls weitere Register zieht: Ablenkung, Müdigkeit, Kopfschmerzen ...

Folge dieses inneren Konfliktes ist oft eine Anfälligkeit für Stress, erhöhte Reizbarkeit oder ständige Erschöpfung. Oder alles auf einmal. Und der sehnliche Wunsch: *Lasst mich doch in Ruhe! Ich bin reif für die Insel!*

Dieses Buch ist zunächst eine Bestandsaufnahme, ein Lagebericht; es will kein Ratgeber sein. Zunächst stelle ich mehr Fragen, als ich Antworten gebe; diese werden sich dann im Text schlüssig entwickeln. Zum Ende des Buches hin werde ich einen Weg aufzeigen, wie wir uns aus diesem inneren Konflikt befreien können, ohne dass wir uns aus dem täglichen Leben zurückziehen müssen; Rückzug ist eine Taktik, die aus der Kriegsführung stammt! Wie können wir unseren Alltag bewältigen, unser Tagewerk und unsere Pflichten erledigen, Leistung zeigen, ohne dabei in Stress zu geraten?

# Die Botschaft unserer Umgangssprache

Wenn ein Krieg ausbricht, muss man ständig um sein Überleben fürchten. Man ist froh über jeden Abend, den man erlebt. In vielen Bereichen verhalten wir uns so, als wäre der Krieg tatsächlich ausgebrochen: Das zeigt sich z. B. in unserer Sprache.

Kriegsspezifische Wörter, Begriffe und Metaphern haben in unserer Umgangssprache allmählich die *Oberhand gewonnen:* Computer werden *aufgerüstet*, mit Gedanken muss man sich *konfrontieren*, anstatt sich mit ihnen zu beschäftigen, es wird um Einschaltquoten *gekämpft*, man muss den inneren Schweinehund *überwinden*, sich *zusammenreißen*, in *Deckung gehen*, seine Haut *retten*, den Tag *überstehen* ...

Es wird gekämpft gegen Arbeitslosigkeit und Übergewicht, gegen Müdigkeit und Fieber – dabei sind gerade die letzten beiden ganz natürliche Prozesse, die für uns und unsere Gesundheit nützlich sind. Alles wird als Kampf angesehen; bestimmte Anteile unseres Nervensystems verhalten sich so, als hätten sie die Information bekommen: Wir befinden uns im Krieg!

Kein Wunder, dass bei dieser ständigen Auseinandersetzung ein Teil von uns auf der Strecke bleibt, dessen Aufgabe tatsächlich der Abwehrkampf ist: unser Immunsystem. Es ist erschöpft, und der Kampf z. B. gegen Infekte, gegen Viren, gegen Bakterien, gegen den Krebs wird immer häufiger verloren. Dafür nehmen die Allergien kontinuierlich zu ...

Wenn in einem fernen Land ein bewaffneter Krieg ausbricht, sagen alle: Ihr müsst euch an den Verhandlungstisch setzen! Sitzen und reden, so machen wir das auch, um unsere Konflikte im Zaum zu halten. Bei uns funktioniert das! Reden ist eine gute Bewältigungsstrategie – geeignet zur Beschwichtigung. Zum Finden von Lösungen ist Reden nicht sehr geeignet, wenn das Gegenstück, die Fähigkeit zum Zuhören, fehlt.

Wenn wir glauben, den Grund zu kennen, sind wir beruhigt und hören auf, weiterzudenken und nachzuforschen. Wir hören auch nicht mehr zu. Warum auch? Wenn man nur uns mal zuhören würde!

# Essen als Metapher – für unseren Umgang mit der Welt und unseren Umgang mit uns selbst

## Oder: Über den Unterschied zwischen Nahrungsmitteln und Lebensmitteln

Für die Ernährung gilt in Kriegszeiten: Das Beste für unsere Soldaten an der Front. Was versteht man unter „das Beste"? Nahrhaft soll das Essen sein, konzentriert, kräftigend.

In Südafrika findet sich auf etlichen Nahrungsmitteln der Hinweis: Hält lange vor, stopft, sättigt und macht dick. Nahrung dieser Art enthält große Mengen an Kalorien, an Eiweiß, Zucker und Fett und ist geeignet für Soldaten, Bauern, Bergleute, bei körperlich harter Arbeit.

In den USA (und natürlich auch in Deutschland) wirbt man gern mit dem Hinweis: kalorienreduziert, fettfrei, geschmacksverstärkt, leicht verdaulich, nicht belastend. Nahrung dieser Art enthält eigentlich überhaupt nichts mehr, jedenfalls nichts „Böses" wie Kalorien oder Fett, soll aber schmecken. Sie ist geeignet für Büroangestellte, zur Unterstützung im Kampf gegen das Übergewicht.[1] Schon wieder Kampf. Für Menschen, die viel sitzen und sich wenig bewegen, für Kopfarbeiter, die stundenlang im Büro sitzen, am Computer, und für Kinder, die das Gleiche tun – übergewichtig und unbewegt auf den Bildschirm starren.

Zur Beruhigung des Gewissens wird derartige Nahrung angereichert mit allen Vitaminen, die der Körper braucht. Sie sind beliebig lange haltbar, in kurzer Zeit einfach zubereitet, und ebenso schnell gegessen, kauen ist überflüssig. Nahrung dieser Art versucht die Nahrungsmittelindustrie uns zu verkaufen und hat damit großen Erfolg, weil sie sie uns schmackhaft macht – mit Geschmacksverstärkern.

Bei allen genannten Beispielen handelt es sich nicht um Lebensmittel, sondern um Nahrungsmittel; Lebensmittel dienen dem Leben, und sie tun es nachhaltig. Nahrungsmittel dienen dem Überleben, kurzfristig, von einem Tag zum nächsten. Im Krieg unterscheidet man nicht zwischen Nahrungsmitteln und Lebensmitteln; tagsüber ist Krieg, und man ist froh, wenn man den Tag überlebt.

*Iss dich richtig satt, du weißt nicht, wann du wieder etwas bekommst!* In der ersten Hälfte des 20. Jahrhunderts war dieser Satz tatsächlich ein Rat, den zu befolgen sich lohnte; aber warum essen wir heute noch so? Gut gegessen heißt immer noch: viel gegessen. Gut, aber gut für wen?

Schon das Tempo der Nahrungsaufnahme zeigt, dass der nächste Angriff unmittelbar bevorsteht: Man schlingt sein Essen herunter. Viele Menschen ernähren sich genau so wie Soldaten im Krieg; in einer 5-minütigen Gefechtspause gilt es, so viel an hochkonzentrierter Nahrung zu sich zu nehmen wie möglich. Um ihren randvollen Teller leer zu essen, brauchen viele Menschen tatsächlich keine fünf Minuten, auch wenn sie eigentlich nicht unter Zeitdruck stehen.

Wer ist hier der Kriegsgegner? Die Zeit! Wenn der Magen gefüllt ist, stellt sich ein Sättigungsgefühl im Allgemeinen etwa zehn Minuten später ein – in dieser Zeit schaffen es viele, noch eine weitere komplette Mahlzeit zu sich zu nehmen. Dann treten ganz andere Gefühle auf als das der natürlichen Sättigung, nämlich Völlegefühl, Druck, schlechtes Gewissen, Aufstoßen – früher schickte man einem reichhaltigen Essen einen „Verteiler“ hinterher, heute lässt man rezeptfreie Medikamente aus der Apotheke den „Magen aufräumen“.

Andere verzichten ganz auf ihr Mittagessen, um sich stattdessen Power-Snacks, Energieriegel, Schokolade oder (im besten Fall) Obst zuzuführen – zur unmittelbaren Erhöhung des Blutzuckers, ohne dafür die Arbeit unterbrechen zu müssen. Eben wie ein Soldat, der den Schützengraben gar nicht erst verlässt.

Etwas anders sieht es beim Abendessen aus. Viele Menschen feiern das abendliche Essensritual wie einen Triumphzug: Wieder einen Tag überstanden! Heute habe ich gewonnen! Man reserviert einen Tisch im Restaurant, mit weißem Hemd und Krawatte feiert man die Siege des Tages und wie bei jeder Feier gönnt man sich etwas Gutes und genießt, man lässt sich mehr Zeit zum Essen und hat dabei auch angenehmere Gedanken; während man mittags an die Arbeit denkt, die man heute noch zu erledigen hat, denkt man abends eher daran, was alles hinter einem liegt, was man geschafft hat. Das erlaubt einem, das Essen tatsächlich zu genießen. Dadurch ist der Körper in einer besseren, das heißt ruhigeren, entspannteren Verfassung, während man mittags oft unter Stress steht. Deswegen bekommt einem das Abendessen meistens besser als das Mittagessen, auch wenn es reichhaltiger ist als erforderlich und später als empfohlen.

Bei Raubtieren ist der Eiweißanteil in der Nahrung deutlich höher als bei ihren Beutetieren. Raubtiere leben von kurzen, aggressiven Attacken, in denen sie ihre gesamte Kraft und Schnelligkeit einsetzen müssen, um Beute zu machen: schnelles, entschlossenes und rücksichtsloses Handeln. Dafür haben Raubtiere eine geringe Ausdauer. Bei ihrer Beute handelt es sich meist um Pflanzenfresser; diese sind ruhiger, friedlicher, ausdauernder, und sie leben länger – wenn sie nicht vorher zur Beute werden.

Der Eiweißanteil in der menschlichen Ernährung hat sich in den letzten Jahrzehnten kontinuierlich erhöht. Versuchen wir, uns damit Kraft zu verschaffen für den Kampf? Hat tierisches Eiweiß mit Aggression zu tun?

Chronisches Schlafdefizit oder Stress bewirken latenten oder chronischen Energiemangel. *Auf in den Kampf!* sagt der Wecker jeden Morgen. Viele Menschen versuchen (instinktiv oder bewusst), diesen Energiemangel durch erhöhte Nahrungszufuhr zu kompensieren, vor allem durch verstärkte Zufuhr von Eiweiß. Eiweißabbauprodukte, die der Körper nicht ausscheiden kann, lagert er im Gewebe ab. Es kommt zur allmählichen Selbstvergiftung, die aber nicht bewusst wird, da sie chronisch ist und nicht akut. Viele ernähren sich wie ein Schwerarbeiter, da sie subjektiv das Gefühl haben, schwerste Arbeit zu leisten – ohne aber ihren Körper entsprechend zu bewegen.

# Jede Minute zählt

Vor dem Haus gegenüber steht die Feuerwehr, breitbeinig und präsent, mitten auf der Straße. Die Wagentüren offen, Blaulicht, das Martinshorn vorübergehend ausgeschaltet. Die Feuerwehrmänner, gelernte Rettungssanitäter, laufen mit der Trage in den 2. Stock. Gleich darauf vibriert die Luft, die Scheiben klirren: Der Rettungshubschrauber aus der Uni-Klinik landet vor meinem Fenster auf der Wiese, einem unbebauten Eckgrundstück. Der Notarzt und sein Assistent laufen über die Straße, auch in den 2. Stock. Nach zehn Minuten kommen sie wieder herunter, deutlich langsamer. Steigen in den Hubschrauber, Motor wieder an, nach drei Minuten sind sie weg.

Weitere drei Minuten später, und die alte Dame aus dem 2. Stock erscheint: 76 Jahre, Schlaganfall. In einer Art Rollstuhl, getragen von den beiden Feuerwehrmännern, wird sie im Rettungswagen verstaut und ins nächste Krankenhaus gebracht, mit Sonderrechten: mit Blaulicht und Horn. Ihre Hauspflegerin hat sie gefunden und die Feuerwehr alarmiert. Bei Verdacht auf Herzinfarkt kommt der Notarztwagen; ist der nicht verfügbar, kommt der Rettungshubschrauber: Im Ernstfall wird der Patient in die Klinik geflogen, jede Minute ist kostbar.

Es gilt, Menschenleben zu retten wie unter Kriegsbedingungen: So oder ähnlich muss es aussehen, wenn Elitetruppen hinter den feindlichen Linien landen, um ihre verletzten Kameraden aus der Kampfzone zu bergen. Soldaten werden in den Krieg geschickt, um ihr Leben zu riskieren, den Tod vor Augen um den Sieg zu kämpfen. Wenn sie dabei umkommen, nimmt man das in Kauf. Werden sie verwundet, wird man sie mit höchstem Einsatz zu retten versuchen, um jeden Preis.

Oma Müller, die alte Dame, die jetzt den Schlaganfall bekam, hat jahrelang ihre Wohnung nicht mehr verlassen, selbst, als sie es noch konnte. Wohin hätte sie auch gehen sollen? Woran hätte sie noch Freude haben können? Sie hat ihr Leben nicht mehr gelebt, sie hat es ausgehalten. Die Zeit zog sich dahin, ein Jahr wie das andere. Plötzlich aber kommt es auf jede Minute an.

Menschen brauchen im allgemeinen Jahrzehnte, um ihre Gesundheit zu ruinieren. Jahrelange Arbeit, um den Körper herunterzuwirtschaften. Wenn dann der Ernstfall eintritt, steht uns ein Rettungssystem zur Verfügung, das innerhalb von Minuten unser Überleben sicherstellt – damit wir nach der Entlassung so leben wie vorher.

Weiß von uns noch irgendjemand, was das für ein Krieg ist, den wir da führen? Welchen Sieg erhoffen wir, für den es sich lohnt, unsere Gesundheit zu gefährden wie Soldaten im Krieg? Ich weiß es jedenfalls nicht.

## Versehrte und Invaliden im Stadtbild

Wenn man sich umschaut im Stadtbild, entdeckt man bald ähnlich viele Versehrte, Gehbehinderte, Rollstuhlfahrer wie kurz nach dem Krieg.

Sind das die Invaliden der Moderne? Oder gab es von ihnen schon immer so viele, nur dass sie heute nicht mehr bereit sind, sich zu verstecken? Man zeigt sich wieder, mit all seinen Gebrechen. Stolz zeigt der Veteran die Narben aus der Schlacht. „Ich bin schwerbehindert", sagt man in ähnlicher Weise wie „Ich habe einen Bandscheibenvorfall" oder „Ich hatte schon zwei Herzinfarkte!", nicht ohne Stolz. Man schuftet so lange, bis es wirklich nicht mehr geht. „Ich bin frühpensioniert" ist nicht etwa ein Makel, den man zu verbergen sucht, sondern ein Beweis dafür, hart gearbeitet zu haben – zu hart.

„Ich bin Sozialhilfeempfänger", sagt man eher nicht so laut; man zeigt still seinen Ausweis, um die Ermäßigung zu bekommen. „Ich bin kerngesund" ist eher ein Makel, es scheint zu bedeuten: „Ich arbeite nicht allzu viel." „Ich arbeite, obwohl ich noch nicht ganz gesund bin. Ich schone mich nicht!" – das ehrt einen. „Manchmal habe ich so viel Stress, dass ich am Tag drei Schachteln Zigaretten rauche" – Arbeit und Rauchen vertragen sich gut, selbst Nichtraucher verstehen das. „Ich trinke am Tag sechs bis acht Flaschen Bier" – das ehrt eher nicht. Jedenfalls nicht überall: Bier und Arbeit passen nicht zusammen. In allen drei dieser Fälle wird Arbeit als höherwertiger angesehen als Gesundheit.

Aus diesem Grund explodieren die öffentlichen Gesundheitskosten in ähnlichem Ausmaß wie im Kriegsfall die Kosten für das Militär. Friedenskosten dazu zu sagen, das brachte nicht einmal ein George W. Bush fertig. Also sollten wir auch nicht Gesundheitskosten sagen, Gesundheitskasse, Gesundheitshaus, sondern Krankheitskosten, Krankenkasse, Krankenhaus.

Im Kriegsfall ist man bereit, jeden Preis zu zahlen, um sein Überleben zu sichern. „Gold gab ich für Eisen“, hat meine Großmutter mir erzählt. Als Kind habe ich nicht verstanden, was sie damit meinte; es wurde mir auch nicht erklärt, weil in meiner Familie nicht über Krieg gesprochen wurde. *Das ist aber ein schlechter Tausch! Da hat dich doch jemand reingelegt!*, waren meine Ideen dazu, womit ich nicht ganz unrecht hatte: Kanonenkugeln sind aus Eisen, Schmuck ist aus Gold. Sie tat es, um mit zu helfen, den 1. Weltkrieg zu finanzieren. Die Kriegskosten zahlt der, der verliert; Reparationen nannte man das früher.

„Die Schulden müssen eben unsere Kinder bezahlen, dafür verteidigen wir sie jetzt“, heißt es heute. Es bleiben ein paar Fragen offen: Wann haben wir gewonnen? Oder genauer: Woran erkennen wir, dass wir gewonnen haben? – Falls wir denn gewinnen. Wer hat uns den Krieg erklärt? Oder: Wem haben wir den Krieg erklärt? An wen sind die fälligen Reparationen zu zahlen? In welcher Währung?

Woher kommt der massive Trend zur Wellness, Fitness, der hohe Bedarf nach Krankengymnastik, Massage, Kur? In allen Fällen handelt es sich um Tätigkeiten, die geeignet sind, Soldaten wieder fit zu machen für den Krieg.

Die meisten Menschen laufen zu langsam und essen zu schnell, sie laufen zu wenig und essen zu viel, sie lieben zu wenig und reden zu viel, sie schlafen zu wenig und streiten zu viel, usw.

Körperliche Bewegung oder gar Anstrengung versuchen wir im Alltag weitestgehend zu vermeiden. Wollen wir unsere Kräfte schonen für den Ernstfall? In der letzten Woche vor dem Wettkampf darf der Marathonläufer nicht mehr trainieren – keine Energie verschwenden, weil sie sonst im Wettkampf fehlt.

Überall Rolltreppen, Fahrstühle, Shuttle-Service. Es ist

erschreckend, wie selbst junge Leute auf der Rolltreppe in sich zusammensacken, wie geduldig sie auf den Fahrstuhl warten, anstatt eine Treppe zu Fuß zu gehen. Viele Menschen wirken zutiefst erschöpft und körperlich abgearbeitet, ohne sich bewegt zu haben. Bald 10% aller 30-Jährigen hatten schon einen Bandscheibenvorfall, aber nicht wegen Überlastung, sondern wegen Rückbildung der unbenutzten Muskeln. Ähnlich wie in Japan mehr als die Hälfte aller 10-jährigen Kinder bereits mindestens einmal ein Magengeschwür hatte – der Magen als Fokuspunkt japanischer Befindlichkeit, in Deutschland mangelndes Rückgrat?

# Polarisierung

## Sexuelle Gewalt als Begleiterscheinung des Krieges

Die Militärs der USA betrieben Bordelle in Korea, auf Kuba und in Vietnam. Ein archaischer Trieb, der den siegreichen Soldaten das Recht gibt, über die Frauen der gerade umgebrachten gegnerischen Truppen herzufallen wie über eine Beute? Vergewaltigung scheint eine Begleiterscheinung des Krieges zu sein, seit tausenden von Jahren.

Beim Löwen, der ein Rudel erobert hat, sehen wir es mit Schaudern, aber finden es „natürlich“: Der neue Pascha beginnt sofort, sich mit allen Weibchen zu paaren, eine nach der anderen. Sind diese archaischen Muster bei uns Menschen vielleicht noch ebenso tief verankert? Ein wesentlicher Unterschied ist der, dass der besiegte Löwe nicht umgebracht, sondern vom Sieger vertrieben, in die Wüste geschickt wird. „Im ehrlichen Kampf verlieren“ gehört zum Repertoire eines Löwen – wir Menschen tun uns viel schwerer damit, da eine Niederlage oft auch den Verlust der Menschenwürde bedeutet. Häme und Spott sind bei Löwen unbekannt, ein Unterlegener wird auch nicht gequält. Er verliert sein Territorium, sonst nichts. Er räumt das Feld – was Menschen meist nicht möglich ist; wir müssen vor Ort präsent bleiben, fortan mit dem Stigma des Verlierers leben.

Ungleich brutaler gehen Löwen mit den kleinen Kindern des besiegten Gegners um: Sie werden eins nach dem anderen umgebracht. Löwenbabys, die noch gesäugt werden, sind die ersten. Der Verlust ihres Säuglings bewirkt, dass die Weibchen wieder läufig werden. Halbwüchsige lässt der neue Pascha eher am Leben. Das ist bei Menschen umgekehrt: Je kleiner, desto eher werden sie verschont.

Überall dort, wo Krieg geführt wird, blüht Prostitution. Bereits im alten Rom, einem kriegerischen Staat, war sie weit verbreitet. In Friedenszeiten sollte die Prostitution abnehmen. Warum geht sie nicht auf Null zurück? Sexuelle Gewalt, wie sie Rubens in seinem Bild *Der Raub der Töchter des Leukippos* darstellt, ist ein untrügliches Zeichen dafür, dass gerade

Krieg geführt wird. In friedlichen Kulturen wird Sexualität nicht zur Unterdrückung eingesetzt, und es gibt keine Instrumentalisierung der Sexualität, in Verbindung mit Geld und Macht. All dies gehört bei uns so selbstverständlich zum Alltag wie in Kriegszeiten. Wie kommt es dazu? Wieder bleibt nur eine Antwort: Wir befinden uns im Krieg! Kollateralschaden nennt man das heute.

Derartige Verhaltensweisen werden von einem Gehirnareal gesteuert, das sich dem Zugriff unseres Verstandes und unserer Vernunft allzu oft entzieht und das im folgenden Kapitel beschrieben wird: das Zwischenhirn.

## Konflikte unterschiedlicher Gehirnareale

Im menschlichen Gehirn können wir drei Areale unterscheiden, die jeweils ganz andere Bereiche unseres Lebens steuern; sie haben sich im Laufe der Evolution herausgebildet.[1]

Das innerste Areal bezeichnen wir als Stammhirn. Das Stammhirn befindet sich am verlängerten Rückenmark. Es regelt unsere Vitalfunktionen: Herzschlag, Blutdruck, Atmung; Nahrungsaufnahme und Verdauung, Schlafen und Wachsein; alles, was dem Überleben des Individuums dient. Darüber hinaus wird auch die Fortpflanzung, also die sexuelle Libido, vom Stammhirn geregelt. Es wird auch Reptiliengehirn genannt, es steuert die Instinkte. Alle Wirbeltiere haben ein Stammhirn – also Vögel, Fische, Reptilien, und natürlich alle höheren Tiere, die Säugetiere wie der Mensch.

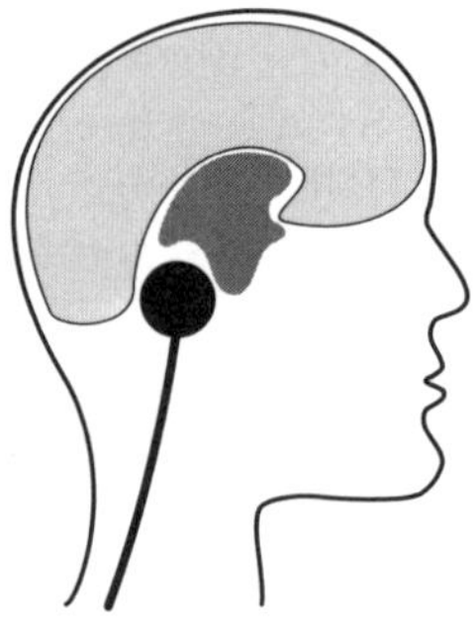

Abb. 1: Die drei Gehirne

Beim Menschen ist das Stammhirn verantwortlich für das grundsätzliche Erregungsniveau; dieses wird von der frühen Mutter-Kind-Bindung wesentlich bestimmt. Die dargebotenen und empfangenen Reize bestimmen die Richtung und die Geschwindigkeit, mit der sich das Gehirn des Kindes entwickelt; das Gehirn des Menschen wird sich immer an seine Umgebung adaptieren.

Wenn die Mutter so ruhig und phlegmatisch ist, als stünde sie unter Beruhigungsmitteln, dann wird sich dieses gedämpfte Erregungsniveau auch auf das Kind übertragen. Und umgekehrt: Wenn die Mutter ständig nervös, ruhelos oder hektisch ist, wird das Kind sich auch daran anpassen. Die massive Zunahme von ADS deutet in diese Richtung. Wenn das Kind sich wenig bewegt, dann wird seine Muskulatur, werden sein Gleichgewichtssinn, seine Lunge und sein Herz unterentwickelt bleiben.

Ein erwachsener Mensch sollte in der Lage sein, sein Erregungsniveau zu modulieren: Wir können zwei Stunden aufmerksam und ruhig einen Vortrag anhören oder im Konzert stillsitzen, ohne umherzulaufen und ohne einzuschlafen. Wir können früh aufstehen und dabei wach und konzentriert sein.

In einem gewissen Ausmaß ist das möglich allein durch Selbstdisziplin. Diese können wir üben und verbessern, z. B. durch Yoga oder Meditation, oder auch durch einfache Konzentrationsübungen. Alternativ dazu können wir eine Tasse Kaffee trinken; das belebt Körper und Geist. Ein Übermaß an belebenden Substanzen zu sich zu nehmen, z. B. zwei Liter Kaffee pro Tag, Amphetamine oder gar Kokain, ist zumeist ein Versuch, körperliche Prozesse wie Müdigkeit oder Hunger „in den Griff zu bekommen", d. h. aus einem inneren Prozess einen äußeren Prozess zu machen (siehe S. 71). Derartige chemische Manipulationen des Stammhirns, um „erwünschte" Körperzustände zu erreichen, sind auf Dauer immer schädlich für den Körper.

Das nächste für unsere Betrachtungen wichtige Hirnareal ist das Zwischenhirn, auch Säugetierhirn genannt. Alle Säugetiere können untereinander Sozialbeziehungen aufbauen; sie schließen sich in Gruppen oder Familien zusammen. Für die Funktion der Gruppe und den Zusammenhalt ist es hilfreich, wenn es eine Rangordnung in der Gruppe gibt. In Säugetiergruppen gibt es daher immer ein Alphatier, z. B. im Wolfsrudel, bei Hirschen, Löwen usw.

Ein wichtiger Teil des Zwischenhirns ist das Limbische System, das ist der Bereich, der Gefühle wahrnimmt und weiterleitet. Ein weiterer wichtiger Teil ist der Thalamus; er besteht aus der Amygdala, dem Angstzentrum, und dem Hippocampus, der eine große Bedeutung für das Langzeitgedächtnis hat.

Das Zwischenhirn steuert die emotionalen Funktionen und die unmittelbare Einschätzung der sozialen Beziehung und Rangordnung. Es ist handlungsleitend, wenn es um Sympathie und Antipathie geht, um Abgrenzung und Zugehörigkeit. Es steuert Verhaltensweisen der sozialen Hierarchie wie Über- und Unterordnung, Unsicherheit, Schüchternheit, Beschwichtigung, Angeberei, Provokation, Konkurrenz usw.

Außerdem, so lehrt uns die Medizin, steuert es vegetative Funktionen wie z. B. den Wärme- und Wasserhaushalt, den Kohlenhydrat-, Eiweiß- und Fettstoffwechsel, die Schweißbildung und große Teile des motorischen Systems, wie z. B. die Muskelspannung.[2]

Das Zwischenhirn steuert also große Teile des autonomen bzw. vegetativen Nervensystems und hat dadurch einen größeren Einfluss auf unseren Gesamtzustand als das Denken; und das nicht nur in Ausnahmesituationen, wie z. B. in Prüfungen, beim Halten eines Vortrags, im Ehestreit usw., sondern vor allem auch im Alltag; wir richten unseren Alltag gerne so ein, dass unser Aktivierungslevel dem entspricht, was das Stammhirn vorgibt.

Metaphern und Märchen wirken im Zwischenhirn, indem wir sie mit einem tiefen Gefühl verbinden und uns mit dem identifizieren, was uns entspricht, womit wir uns verbunden fühlen. Der Hippocampus entscheidet, was im Langzeitgedächtnis gespeichert wird; Inhalte mit emotionaler Relevanz werden dabei bevorzugt. Deswegen wirken Märchen ein Leben lang, ähnlich wie eine durchgemachte Kinderkrankheit in der Regel eine lebenslange Immunität gegen diese Krankheit bewirkt, ohne dass unser Bewusstsein einen Einfluss darauf hat.

Selbstmotivation ist nur dann möglich, wenn wir eine Sinnhaftigkeit in unseren selbst bestimmten Handlungen erleben. Wenn wir in unseren Handlungen keinen Sinn finden, werden wir die Handlung einstellen; es sei denn, wir werden unter Druck gesetzt, weiterzumachen.

Das Zwischenhirn treibt uns dazu an, nach dem Sinn des Lebens zu suchen. Suchen muss das Großhirn, der Neocortex! Das Zwischenhirn aber entscheidet, ob man ihn gefunden hat oder weitersuchen muss. Wenn der einzige Sinn des Lebens ist, satt gegessen Ruhe und Frieden zu erleben, was kann uns dann noch zur Tätigkeit animieren? Auch Gewöhnung ist eine Funktion des Zwischenhirns. Menschen haben die erstaunliche Fähigkeit, sich an fast alles gewöhnen zu können.

Wo wirkt eigentlich Alkohol? In allen Gehirnzentren gleichermaßen. Warum aber tut er uns so gut? Weil er im Zwischenhirn wirkt; Alkohol hilft dabei, sich in Gegenwart anderer Menschen wohl zu fühlen und zu entspannen, indem er z. B. Schüchternheit, Ängstlichkeit, Minderwertigkeitsgefühle auflöst: Alle unangenehmen Gefühle, die mit der Beziehung zu anderen Menschen zu tun haben (also mit „Rang"), lassen sich durch Alkohol erheblich abmildern.

Den dritten Bereich, das Großhirn, besitzen von allen Säugetieren nur wir Menschen in dieser entwickelten Form; bei allen anderen Säugetieren ist es sehr viel kleiner. Es ist der differenzierteste Teil des Gehirns; oft wird er einfach nur als „Gehirn" bezeichnet. Bekannt ist, dass die linke und die rechte Hemisphäre des Großhirns wiederum unterschiedliche Funktionen haben: Links ist das Bewusstsein lokalisiert, die Logik, das Sprachzentrum; rechts das Unterbewusstsein, bildliche Erinnerungen, räumliche Wahrnehmung.

Eine der Aufgaben des Bewusstseins ist es, Unterscheidungen zu treffen. Es sind die kultivierten Anteile unserer Wahrnehmung, die Unterschiede wahrnehmen können. In der Kultur geht es darum, auszuwählen, zu differenzieren, um Vorlieben; darum, dass eine (Aus-)Wahl nicht der Notwendigkeit der Sachzwänge folgt, sondern der ästhetischen Präferenz des Betrachters.[3] Für diese Fähigkeit zur Differenzierung brauchen wir ein bestimmtes Maß an freier Aufmerksamkeit, die durch die archaischen Gehirnareale oft eingeschränkt wird, ohne dass uns das bewusst ist.

Beide Hemisphären sind über den Balken, das Corpus callosum, miteinander verbunden. Für alle ganzheitlichen Funktionen des Großhirns, z. B. für Bewusstsein, Geist und Sinn für Ästhetik, ist es erforderlich, dass beide Hemisphären gut zusammenarbeiten; in der Regel ist das auch der Fall. Bei bestimmten Handlungen oder Eigenschaften sind die linke und rechte Hemisphäre unterschiedlich aktiv, so dass es zu einem Ungleichgewicht kommen kann[4]:

| Übergewicht linke Hemisphäre | Übergewicht rechte Hemisphäre |
|---|---|
| Wachzustand | Trance/Hypnose |
| Rational | Intuitiv |
| Logisch-grammatikalisch | Musikalisch, rhythmisch, poetisch |
| Abstrakt | Wortwörtlich-konkret |
| Analytisch | Ausgleichend, verbindend |
| Gelenkt, geplant | Spontan |
| Konzentriert | Zerstreut, vergesslich |
| Denken | Fühlen |
| Handeln | Träumen |
| Bemühungen, Anstrengung | Behaglichkeit, Trödeln |

In vielen Situationen ist eine derartige Ungleichgewichtung sinnvoll. Es ist hilfreich, von einem Zustand in den anderen wechseln zu können, wenn die Situation es erfordert; manche Menschen scheinen allerdings dauerhaft auf eine der beiden Seiten fixiert. Wer in uns entscheidet, welche Seite das Übergewicht hat, wo der Fokus der Aufmerksamkeit liegt? Ein erwachsener Mensch kann selbst entscheiden, welcher Zustand in der jeweiligen Situation angemessen ist, das heißt, welche Hemisphäre des Großhirns die aktivere ist – ohne dass man bei dieser Entscheidung an „Hirnhemisphären" denken muss. Wenn man aber nicht bewusst und präsent ist, sondern in Gedanken woanders, dann entscheiden das innere Prozesse, die parallel ablaufen. Und das Zwischenhirn entscheidet emotional, ohne Beteiligung des Bewusstseins. Wir nennen das dann infantil.

Die Funktionen von Stammhirn und Zwischenhirn sind bei den meisten Menschen recht ähnlich; Individualität, geistige Freiheit, persönliche Einzigartigkeit finden vor allem im Großhirn statt – wenn die tieferen Hirnareale das zulassen!

In der Hierarchie der drei Gehirnareale kommt nämlich das Großhirn an letzter Stelle: Das Stammhirn ist mächtiger als das Zwischenhirn, und das Zwischenhirn ist mächtiger als das Großhirn. Das Bewusstsein hat keinen direkten Zugriff auf tiefere Gehirnfunktionen: Wir können mit unserem Willen nicht unseren Herzschlag oder die Verdauung beschleunigen oder verlangsamen, und wir können auch emotionale Reaktionen wie Schüchternheit, Verlegenheit, Menschenscheu, Begeisterung und Verliebtheit nicht willkürlich ein- oder ausschalten. Was nicht heißen soll, dass wir ihnen ausgeliefert sind! Wir müssen aber lernen, wie man mit ihnen umgeht. Es verhält sich ähnlich wie mit dem Feuer: Wir sollten nicht glauben, dass der Mensch das Feuer „beherrscht". Wir können aber lernen, es zu nutzen; die Regeln dieser Nutzung bestimmt immer noch das Feuer, nicht der Mensch!

Wenn das Zwischenhirn eine Gefahr meldet, stockt uns der Atem, und wir beginnen, angestrengt und beschleunigt zu denken, das heißt: Wir flüchten ins Großhirn und fragen uns: Was soll ich nur tun? Das Problem liegt im Zwischenhirn, aber wir suchen im Großhirn!

> Dazu eine Allegorie: Ein Betrunkener kniet mitten in der Nacht auf dem Bürgersteig und tastet den Boden mit den Händen ab. Ein Passant fragt ihn: „Was suchen Sie denn? Kann ich Ihnen helfen?" Der Betrunkene erwidert: „Ich suche mm…mmeinen Hausschlüssel! Ich komme in meine Www…wohnung nicht rein!" Jetzt suchen beide gemeinsam den Bürgersteig ab, vor dem Hauseingang, unter der Laterne, neben den Autos. Bald sagt der Passant: „Also, ich finde hier auch nichts. Sind Sie sicher, dass Sie den Schlüssel hier verloren haben?", worauf der Betrunkene erwidert: „Nein, nein, ich habe ihn da drüben verloren, im Park. Aber da kann ich nicht suchen, da ist es furchtbar dunkel. Hier ist es doch wenigstens hell!"

Die archaischen Gehirnzentren verhindern oft die Entwicklung des Geistes: Verdrängte Erinnerungen, nicht abgeschlossene Situationen, eingeprägte Erfahrungen „feuern" aus dem Hinterhalt und versetzen das Zwischenhirn in Anspannung und Erregung – man wird vielleicht nervös, und man wendet seine Aufmerksamkeit ab vom Orte des Geschehens und sucht im Großhirn: Man denkt nach. Aber was man dort findet, sind meistens nur Erklärungen, keine Lösung. Man reagiert weiterhin mit einem nicht der Gegenwart angepassten Verhalten; man ist vielleicht chronisch angespannt oder ständig unter Druck, phlegmatisch oder verängstigt; damit reagiert man meist auf die Vergangenheit, nicht auf die Gegenwart! Aus diesen Zuständen heraus hat man allzu oft keine Wahlfreiheit mehr, sich der Gegenwart angemessen zu verhalten.

Kurz gefasst: Das Stammhirn steuert die biologischen Funktionen, das Zwischenhirn die Sozialbeziehungen und Gefühle und das Großhirn die mentalen Funktionen. Unser Wille ist nur dann frei, und wir haben nur dann Zugang zu unserem Geist, wenn sich Stammhirn und Zwischenhirn im Gleichgewicht befinden. Ich komme später darauf zurück.

## David und Goliath

Aus der jüdischen Kultur ist uns ein Mythos überliefert, der heute zu einem tragenden Element unserer Zivilisation geworden ist: Jemanden, der körperlich überlegen ist, kann man mit geistigen Waffen schlagen. Schlau muss man dazu sein und schnell. Die ostasiatischen Kampftechniken, die die Kraft des Gegners elegant nutzen, gab es noch nicht; die Kraft des Goliath wurde von David einfach umgangen, nivelliert, ausgeschaltet. Sogar im direkten Kampf Mann gegen Mann wird vom Denken verlangt, über die Kraft zu siegen: Das Großhirn glaubt, archaische Kräfte in Schach halten und kontrollieren zu können.

Individuelle Menschenwürde ist ein Konstrukt der Kultur und des Denkens, und sie ist in der Großhirnrinde beheimatet. Sie ist ein Ausweg vor der Übermacht archaischer Kräfte. Sich diesen Kräften ausgeliefert zu fühlen, ist eine Kränkung für das Individuum.

Beim Versuch, archaische Kräfte zu leugnen, spaltet man seine Sinnlichkeit ab, man verleugnet seine sinnlichen Bedürfnisse – und dann rennt man vielleicht heimlich ins Bordell. Was derzeit unsere Kultur vergiftet ist Folgendes: Je stärker man Sinnlichkeit und Emotion aus seinem Leben verbannt, desto leichter fällt es, so zu tun, als gäbe es keine archaischen Kräfte – desto stärker ist man ihnen aber ausgeliefert. Wenn man Körperlichkeit prinzipiell für bedrohlich hält, wird man dazu neigen, seine Sinne und Sinnlichkeit vorsorglich abzuspalten, sie zu rationalisieren oder zu ignorieren. Dabei sind die archaischen Kräfte, die uns Gewalt androhen, auch im Neocortex abgespeichert! – als Erinnerungen an Erlebnisse von Grenzverletzungen, Kränkungen, Gewalt, die immer wieder mit ihrer Botschaft unsere aktuelle Wahrnehmung überlagern, so lange, bis die ursprüngliche aufgelöst und versöhnt ist.

Je stärker wir schon bei einfachen Problemen mit Polarisierung reagieren, desto mehr deutet das darauf hin, dass sich unser Nervensystem „im Krieg“ befindet. Womit im Krieg? Diese Frage ist noch zu beantworten.

## Polarisierung in Kriegszeiten

Eine Polarisierung ist in Kriegszeiten also wie gesehen tatsächlich sinnvoll. Seit den Anschlägen des 11. September 2001, spätestens seit George W. Bush diese Kriegserklärung freudig angenommen hat, ist es wieder angesagt zu polarisieren: Bei seinem Deutschland-Besuch im Sommer 2002 in Berlin kam es zu heftigen Protestkundgebungen. Es ist erstaunlich, wie militant Kriegsgegner sein können. Wenn der Besuch des Präsidenten eines verbündeten Landes bereits eine derartige Polarisierung hervorruft, beweist das: Der Krieg hat längst begonnen, und wir sind mittendrin!

Jedes Volk hat das Recht, sich gegen Angriffe von außen und von innen zu verteidigen; wer sich als Opfer fühlt, hat das Recht, sich gegen Täter zu wehren. Das tun die Palästinenser in ihrem Kampf gegen die israelische Besatzung, wie sie es nennen, und die Israelis gegen den Terror der Palästinenser, wie es von ihrer Seite heißt. Die Piloten, die das World Trade Center zerstört haben, waren davon überzeugt, sie würden sich wehren.

Als Oberkommandeur der Militärmaschinerie der USA hat Bush nach dem 11. September 2001 zunächst vernünftig gehandelt: Es ging um Krieg, und er hat ihn geführt. Was gibt es Schöneres als einen „gerechten“ Krieg zu führen, noch dazu, wenn man selber keine Waffe in die Hand nehmen muss?! Ein guter Kriegsherr darf nicht fürchten, sich unbeliebt zu machen, weder bei seinen Feinden, noch bei denen, die stillschweigend zusehen, die so tun, als ginge es sie nichts an, noch bei den ewigen Verhandlern, die so tun, als könnte man zu einer Lösung kommen, wenn Politiker miteinander reden, reden und wieder reden.

Was aber tut ein Warlord im Frieden? Die Diktatoren im alten Rom sind nach dem Ende des Krieges zurückgetreten und haben sich wieder ins Privatleben zurückgezogen. Diese Möglichkeit ist für den Präsidenten der USA bisher verschlossen, da sie in der Verfassung nicht vorgesehen ist. Ohne mit der Wimper zu zucken, hat sich George W. Bush als „Kriegspräsident" bezeichnet, als wäre es das Selbstverständlichste von der Welt. Krieg hat den Vorteil, dass sich ein ganzes Land hinter dem jeweiligen Präsidenten vereint, während im Frieden alle glauben, sie könnten ihn kritisieren – und genau das ist ihm passiert; verstanden hat er es vermutlich bis heute nicht.

Welch bizarre Posse: Der gewählte Präsident eines demokratischen Landes braucht den Krieg, und er fürchtet den Frieden; deswegen war sein Interesse am Krieg so groß, deswegen hat er darauf hingearbeitet, diesen Krieg als Dauerzustand zu etablieren, und er hatte mit seinen Bemühungen zunächst Erfolg: „Wenn ihr nicht auf meiner Seite seit, dann seit ihr auf der Seite des Terrors."

So einfach ist das, jedenfalls im Krieg. Im Frieden ist es etwas differenzierter, vielleicht zu kompliziert für den vorigen Präsidenten der USA: Man müsste miteinander reden, womöglich zuhören. Dagegen hatte er die Parole ausgegeben: Keine Diskussion! Keine Verhandlung! Geschweige denn einen Dialog, keinen fairen Streit (vgl. folgendes Kapitel), sondern Kampf!

Was tut er aber, wenn er diesen Krieg nicht gewinnt? Nicht gewinnen kann? Der Krieg „gegen den Terror" ist mit Waffengewalt prinzipiell nicht zu gewinnen.

## Polarisierung in Friedenszeiten

Und wir? Selbst als wir ihn bekämpft haben, sind wir ihm brav gefolgt: Wenn die Kriegsgegner sich formieren, dann nehmen sie den Krieg bereits an.

Ein mögliches Antidot zum Krieg verkörpert der Dalai Lama. Er hat die Sympathien der halben Welt, man bekennt sich zu ihm, aber im Grunde steht er allein auf weiter Flur. Die meisten Menschen lieben und schätzen seine friedvolle menschliche Ausstrahlung, aber sie verstehen ihn nicht wirklich. Man hört ihm gern zu, aber niemand hört auf ihn.

Auch jetzt, im Frieden, greift die Polarisierung immer weiter um sich – ein Beleg dafür, dass es sich eher um einen Scheinfrieden handelt. Wir sehen das an folgenden Beispielen:

- Protestwähler: Wie kommt es, dass eine real noch gar nicht existierende Partei über Nacht 20% der Wählerstimmen auf sich versammeln kann? So geschehen bei der Wahl zur Hamburger Bürgerschaft im Jahr 2001, als die „Partei Rechtsstaatlicher Offensive“ von Ronald Schill auf Anhieb 19,4% der Stimmen bekam. Dieses Phänomen ist eine direkte Folge der Polarisierung, die leicht zu einer derartigen Eskalation führt. Im Moment mag uns das ungefährlich erscheinen, da derartige Parteien mangels Kompetenz ebenso schnell verschwinden wie sie aufgeblüht sind.
- Straßenverkehr: Wenn es auf den Straßen eng wird, polarisieren sich die Autofahrer in Raser und Schlafmützen; den Rasern erscheint ihre knappe Zeit als kostbarstes Gut, den Langsamfahrern ihre Sicherheit. So herrscht auch auf den Straßen Krieg.
- Leistung: Wir polarisieren uns in Hilfsbedürftige, Übergewichtige und Frührentner auf der einen Seite, und in Leistungsträger, Kraftprotze und Modellathleten auf der anderen – in Spitzenkräfte und Versager. Die einen schuften sich zu Tode, die anderen haben nichts zu tun.
- Verkehrsplanung: Bereits der Begriff „Stuttgart 21“ spaltet ein ganzes Volk.

In Friedenszeiten ist ständige Polarisierung ungeeignet. Polarisierung entzweit und verfeindet die Menschen, sie spaltet sie nicht nur untereinander, sondern vor allem auch innerlich: Die meisten Menschen werden sich selbst zum Feind. Dem entspricht technisch die Digitalisierung – es gibt zwei separate Zustände und keine Zwischenwerte. Entweder/oder wie im Computer: 0 oder 1, ja oder nein. Sind wir Menschen vielleicht so etwas wie Lichtschalter, mit nur zwei Zuständen, ein oder aus? Warum hört man so oft: Ich muss mal abschalten?

## Die Körperzelle und ihr *Milieu interne*

Natürliche Prozesse verlaufen analog, nicht digital. Es gibt immer fließende Übergänge, es gibt ein Zuviel und ein Zuwenig, und es gibt Schwellenwerte, die individuell sehr verschieden sein können. Natürliche Systeme streben immer einen Zustand des Gleichgewichts an, eine Homöostase. Die Regulation dieser Dynamik unterliegt Gesetzmäßigkeiten, die von der Kybernetik beschrieben wurden.

Als Beispiel für einen derartigen Prozess, wie er auch für das Individuum gilt, mag uns die Körperzelle dienen: Wie regelt eine Körperzelle ihr inneres Milieu? Bestimmt nicht durch einen Ein/Aus-Schalter, der nach Belieben umzuschalten ist, sondern durch hunderttausende von Rezeptoren, Ionenpumpen und Organellen, deren gleichzeitige Aktivität, wenn sie aufeinander abgestimmt ist, diesen Gleichgewichtszustand regelt![5] Ist sie es nicht, kommt es schnell zu einer Eskalation – oder zum Stillstand, also zum Tod. Wir Menschen sollten uns an derartigen natürlichen Prozessen orientieren.

Zur Veranschaulichung wollen wir ein Experiment durchführen: Eine einzelne Zelle wird in unterschiedlich stark konzentrierte Salzlösungen gebracht. Lediglich in einer physiologischen Lösung, d.h. in einer natürlichen Salzkonzentration bleibt ihr Volumen konstant. Setzt man sie destilliertem Wasser aus, versucht dieses, die „konzentrierte Lösung“ im Innern der Zelle zu verdünnen, es kommt zur Osmose: Wasser strömt in die Zelle ein, und ihr Volumen nimmt so stark zu, dass sie schließlich platzt. Verbringt man sie in eine konzentrierte Salzlösung (z. B. in Meerwasser), versucht die Zelle, die konzentrierte Lösung, von der sie umgeben ist, zu verdünnen; die Zelle gibt Wasser ab und schrumpft stark.

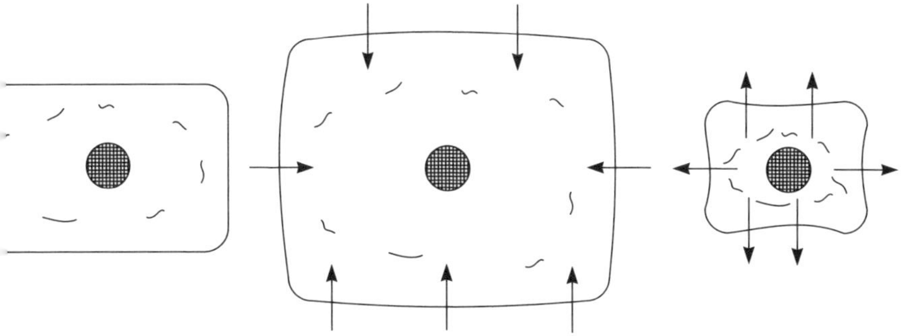

In isotonischer Kochsalzlösung | In destilliertem Wasser | In Meerwasser

Abb. 2: Drei Körperzellen

Wenn die Zelle jung und gesund ist, das heißt, wenn alle ihre Regulationsmöglichkeiten kraftvoll und intakt sind, kann sie es vielleicht schaffen, diesem Stress zu widerstehen, das heißt im ständigen Kampf gegen die Umgebung wieder ihren physiologischen Zustand zu erreichen; dafür muss sie all ihre Energie aufbringen und ihre Reserven werden schnell erschöpft sein.

Wie ergeht es uns wohl als Individuum, wenn wir uns in einem Kontext befinden, der „zu dünn“ ist, was dem destillierten Wasser entspricht? Was geschieht, wenn unsere Umgebung uns „flutet“ mit inhaltsleerer Substanz, mit unnützer Information? Welcher Anteil in uns saugt dieses „Zuviel“ in sich hinein, was in uns bläht sich auf?

Und wie ergeht es uns in einem Kontext, der „zu dicht“ ist, zu konzentriert, was dem Meerwasser entspricht? Was geben wir ab, welcher Anteil in uns schrumpft, wird faltig, ausgelaugt von der Bedürftigkeit der Umgebung? Dieser Vergleich veranschaulicht, weswegen es auch für Menschen so wichtig ist, sich in einer angemessenen Umgebung aufzuhalten!

# Konkurrenz – die bürgerliche Variante des Krieges

## Gegenseitiges Ausplündern

Früher bekamen Soldaten, die eine lange belagerte Stadt endlich einnehmen konnten, von ihrem Befehlshaber oft die Erlaubnis, diese Stadt zu plündern. Viele waren nur bereit mitzukämpfen, wenn vorher feststand, dass nach der Eroberung geplündert werden durfte. Heute gibt es derartige Belagerungen und Eroberungen eigentlich nicht mehr, so glauben wir. Jedenfalls nicht bei uns; geplündert wird aber nach wie vor.

Die Einladung dazu können wir im Sozialdarwinismus erkennen, der mit seinem Motto „Der Stärkste setzt sich durch“ das Leitmotiv unserer Gesellschaft zu sein scheint, bürgerlich gezähmt durch Gesetze, versteht sich. „Der Stärkste setzt sich durch“ ist aber nicht wirklich die Grundidee des Darwinismus, der die Evolution beschreibt. „Survival of the fittest“, wie es im Original heißt, bedeutet nicht: Das stärkste Individuum setzt sich durch, sondern: Die anpassungsfähigste Tierart überlebt am längsten, das heißt die Spezies, die mit den Umgebungsbedingungen am besten zurechtkommt, stirbt nicht so schnell aus wie andere.

Heute glauben wir eher, diese Aussage beziehe sich auf das Individuum. Um im täglichen Konkurrenzkampf zu „überleben“, sollte man nicht nur anpassungsfähig oder stark sein, sondern vor allem möglichst gewieft; so kann man alle übervorteilen, die langsamer oder ehrlicher sind. Das gilt für alle Einkommensschichten, vom Sozialhilfeempfänger bis zum Spitzenmanager; Gewinne werden privatisiert, Verluste werden sozialisiert. Man nimmt alles mit, was es gibt.

Wieso kassieren Manager immense Bonuszahlungen, selbst wenn sie durch Fehlentscheidungen die Pleite ihres Betriebs herbeigeführt haben?

Sozialhilfeempfängern war es offiziell nicht gestattet, ein Auto zu besitzen und auf ihren Namen anzumelden – mir waren gut ein Dutzend bekannt, die es dennoch taten und mit ihrem Wagen spazieren fuhren. Autofahren auf Staatskosten – wer zahlt das? Für Hartz-IV-Empfänger gelten derartige Einschränkungen ohnehin nicht mehr: Autofahren ist erwünscht.

Europa-Parlamentarier bekommen für jede Debatte, bei der sie anwesend sind, eine Prämie, als gehörte es nicht ohnehin zu ihren dienstlichen Pflichten als Parlamentarier, auch bei Debatten anwesend zu sein. Prinzipiell ist das Verhalten das gleiche: Politiker, Manager und Sozialhilfeempfänger leben auf Kosten anderer und beschimpfen sich gegenseitig. Im Moment werden Manager von der öffentlichen Meinung noch etwas mehr respektiert als Politiker, aber sie arbeiten hart daran, ihren Ruf zu verspielen; beide liegen mit Abstand vor den Hartz-IV-Empfängern, im Moment jedenfalls noch.

Jede Interessengruppe hat ihre Vertreter, die lautstark ihre Interessen durchzusetzen versuchen. Es empfiehlt sich, einer Interessengruppe anzugehören, deren Funktionäre geschickt sind in der Durchsetzung ihrer Interessen, die sich auf Konkurrenz spezialisiert und viel Macht haben.

Ein wirksames Mittel gegen das zermürbende Gegeneinander, gegen das erschöpfende Konkurrieren, scheinen heute die „Netzwerke“ zu sein, die ein Miteinander, ein wechselseitiges Unterstützen versprechen. Aber selbst dort herrscht oft genug ein Konkurrenzdenken vor, das das Miteinander vergiftet; es geht um Selbstdarstellung, um Geschäfte, ums Geldverdienen. Die primäre Intention eines „Netzwerkers“ ist meist: Wie kann ich einen optimalen Nutzen aus dem Netzwerk ziehen und mehr profitieren als ich einzahle, mehr herausholen als ich hineinstecke. Wo Netze geknüpft werden, soll gefischt werden! Am besten gleich mit Schleppnetzen.

Ähnlich gehen wir mit den Sozialsystemen um, z. B. den Krankenkassen. Gemeinsame Kassen werden gern geplündert; mit fremdem Geld ist es leicht, großzügig zu sein. Viele Menschen zahlen 3000 Euro pro Jahr Krankenkassenbeitrag und müssen dann noch eine Rezeptgebühr zahlen oder einen Eigenanteil zur Krankengymnastik. Andere zahlen nicht einmal ihren Beitrag selber, tun aber so, als hätten sie ein Recht darauf, für 50 000 Euro pro Jahr Leistungen zu beziehen, so als hätten sie ihre Gesundheit für die Gesellschaft geopfert wie ein Soldat auf dem Schlachtfeld.

## Der Kampf um Freiräume

Wenn alles Land verteilt ist, und man hat nicht genug abbekommen, um darauf zu leben, hat man drei Möglichkeiten zur Auswahl:

1. Entweder man entdeckt neues Land, um dieses zu besiedeln und darüber zu verfügen;
2. Oder man nimmt einem anderen etwas von seinem weg, indem man ihn bekämpft, ihn vertreibt oder ihm sein Land abkauft;
3. Oder man teilt sich das Land mit anderen.

Die Besiedlung der „Neuen Welt", also Amerikas, fand zu Beginn offiziell unter Rubrik 1 (Neuland entdecken) statt, während sie recht schnell zur zweiten der drei Möglichkeiten mutierte: Wegnehmen im Krieg, plündern.

Beim Verschwinden von Kulturen, die sich überlebt haben, entstehen Freiräume, die von anderen schnell besetzt werden. Wenn eine Kultur verschwindet, macht sie Platz für etwas Neues.

Heute finden wir uns oft in Rubrik 3 (miteinander teilen) wieder, oft nicht ganz freiwillig. Schon der Begriff teilen deutet an, dass man hinterher weniger hat als vorher. Das gilt nicht nur bei der Verteilung von Land, sondern auch von Kuchen und anderen Ressourcen. Je enger man gedrängt wird, desto mehr neigt man zu Konkurrenz, Landraub, Vertreibung; oder zum Aufstellen von Regeln und Gesetzen, die das Miteinander regulieren sollen.

Heutzutage gibt es keine unentdeckten Inseln mehr, kein Neuland, keine Freiräume. Also muss man jemanden verdrängen, um genug Raum zu haben. Schon im Kindergarten haben wir das bei einem Spiel namens „Reise nach Jerusalem" geübt: 12 Kinder gehen um 11 Stühle herum, die in einer Reihe aufgestellt sind. Wenn die Musik aufhört, muss sich jeder schnell auf einen freien Stuhl setzen. Wer zu langsam ist und keinen abbekommt, scheidet aus, und mit ihm ein Stuhl: In der nächsten Runde konkurrieren dann 11 Kinder um 10 Stühle usw. Am Schluss bleibt nur einer übrig. Das heißt: Ressourcen werden künstlich verknappt, und der Schnellste gewinnt.

Eine Alternative zur Konkurrenz scheint die Kreativität zu

sein; wir müssen ständig etwas Neues erfinden. Der Zwang, sich von anderen zu unterscheiden, bringt bisweilen bizarre Wortschöpfungen hervor, die behaupten, hier wäre etwas Neues entdeckt worden. Was ist wohl der Unterschied zwischen ganzheitlicher Integrationstherapie und integrativer Ganzheitstherapie? Es würde mich nicht wundern, wenn beide Namen inzwischen als Warenzeichen geschützt wären.

## Globalisierung des biologischen Gleichgewichts auf Kosten regionaler Ökologie

Friedrich der Große hat dafür gesorgt, dass die Kartoffel in Deutschland angebaut wurde, wo sie vorher unbekannt war, und Europäer haben die ersten Pferde nach Amerika gebracht, wo diese sich schnell zu Hause fühlten. Die Kaninchen haben Australien erobert, weil es dort genug Freiräume für sie gibt und keine ernsthaften natürlichen Feinde; die Waschbären aus den USA haben sich in und um Kassel angesiedelt.

Das Problem dabei: Wer sagt, dass neubesetzte *Frei*räume vorher wirklich frei waren? Oder: Was wird verdrängt? Als vor über 10 Jahren amerikanische Grauhörnchen nach Deutschland importiert und hier ausgesetzt wurden, vermehrten sie sich so schnell, dass zu erwarten war, dass die heimischen Eichhörnchen – kaum halb so schwer und ähnlich scheu – bald von ihnen an den Rand gedrängt und vertrieben würden. Für die amerikanischen Grauhörnchen war der deutsche Wald unbesetzter Freiraum! Sie fühlen sich im gleichen Lebensraum wie die hiesigen Eichhörnchen zu Hause, sind aber ungleich stärker. Für sie existieren die europäischen Eichhörnchen nicht, werden zumindest nicht als Hindernis erlebt. Ein Ersetzen der einen Art durch die andere mag uns irrelevant erscheinen, verschiebt aber das ökologische Gleichgewicht wieder um ein kleines Stück. Dass die Eichhörnchen zwar nicht ihrer Vertreibung, aber wenigstens ihrer Ausrottung entgehen werden, verdanken sie ihrer Anpassungsfähigkeit: Sie sind toleranter gegen Kälte und fühlen sich auch im Nadelwald in höheren Lagen wohl; ihre ökologische Nische ist etwas größer, und in diese Gebiete werden sie sich zurückziehen – *survival of the fittest*. Grauhörnchen dagegen sind auf Laubwald und Wärme angewiesen. In England, wo dieses „Experiment“ vor etwa 100 Jahren gestartet wurde, dauerte es 50 Jahre, bis die Bestände der heimischen Eichhörnchen nicht mehr zurückgingen; aber aus den Parks und Laubwäldern der milderen Gebiete sind sie verschwunden. So what!

Die Globalisierung des Welthandels und des Tourismus sorgt darüber hinaus auch für die Verbreitung von Insekten und Parasiten, die sich zunächst unauffällig einschleichen, deren Ansiedlung aber dramatische Folgen hat: Sie verbergen sich in Holzlieferungen, Containern, im Reisegepäck, in Blumentöpfen und anderen exotischen Mitbringseln. Bakterien und Viren reisen einfach im Menschen als blinde Passagiere. Ähnlich wie SARS auf den Menschen, wirkt z. B. die Minniermotte auf Kastanien: Sie hat nur ein paar Jahre gebraucht, um sämtliche Rosskastanien in Deutschland zu befallen. Ob es hier in 10 Jahren noch Kastanien geben wird, ist keineswegs sicher.

Der Kiefernholznematode, ein Fadenwurm aus Nordamerika, ist irgendwie nach Portugal gelangt, wo ihm jährlich 50 000 Kiefern zum Opfer fallen: Er unterbindet erst die Harz-, später die Wasserversorgung. Die Kiefer stirbt ab, und sie brennt wie Zunder. Noch sind wir in Nordeuropa vor diesem Schädling sicher: Hier ist es ihm schlichtweg zu kalt. Wahrscheinlich wird es aber nur einige Jahre dauern, bis seine inzwischen kälteresistenten Abkömmlinge sich auch über den deutschen Wald hermachen.

Eingeschleppte Schädlinge können sich explosionsartig ausbreiten, weil sie hier nicht von ihren natürlichen Feinden belästigt werden; die sind nämlich zu Hause geblieben. Und hier gibt es noch keine passenden Gegner, oder zumindest nicht in ausreichender Anzahl, um sie in Schach halten zu können.

## Allgegenwart der Konkurrenz

Wenn etwas neu entsteht, muss etwas anderes dafür verschwinden. Wer entscheidet, ob das Neue gut oder schlecht ist, ob es gemacht wird, ob es sich durchsetzt oder nicht? Wir können die Frage auch anders stellen: Was ist das größere System?

Ist es gut, wenn jeder Mensch einen Internet-Zugang hat? Für wen oder was ist es gut? Natürlich hat es Vorteile. Für wen oder was ist es schlecht? Wenn man vier Stunden pro Tag am Computer sitzt, dann fällt etwas weg, das man früher in dieser Zeit gemacht hat. Das ist von Vorteil, wenn man früher für die gleiche Arbeit acht Stunden gebraucht hätte und jetzt Zeit gewinnt, die man besser nutzen kann. Es ist von Nachteil, wenn man sich selbst dabei verliert und wichtige Dinge darüber vergisst, wenn man z. B. seinen Geist, seinen Körper oder seine Familie vernachlässigt.

Wir werden von allen Seiten mit Informationen überschwemmt, die behaupten, sie seien wichtig und dringend. Wie schützt man sich vor dieser Flut? Wie schützt man sich vor Überschwemmung? Man baut Dämme. Ein Schild an der Haustür: „Keine Reklame!", reicht da oft nicht aus. Viele Menschen sprechen nicht einmal mehr ihren Namen auf ihren eigenen Anrufbeantworter! Nichts von sich preisgeben, um vor Übergriffen geschützt zu sein; wer mit Namen, Adresse und Beruf im Telefonbuch steht, muss damit rechnen, dass Versicherungsvertreter, Verkäufer oder Anlageberater bei ihm anrufen oder ihn mit Reklamesendungen überfluten – Aufmerksamkeitsräuber überall. Viele lassen sich aus diesem Grund gar nicht mehr ins Telefonbuch eintragen.

Wir müssen ständig damit rechnen, eingefangen zu werden, in eine Falle zu laufen, hereingelegt, ausgenutzt, übervorteilt zu werden. Wie schützt man sich vor dieser Flut?

All die Baumärkte und Mediamärkte, Möbelhändler und Reiseveranstalter bombardieren uns mit farbigen Hochglanzbroschüren: Ich bin der Beste, entscheide dich für mich, kauf bei mir. Wir fühlen uns „informiert", aber viele Bedürfnisse, die es vorher noch nicht gab, werden durch die bunten Bilder überhaupt erst geweckt! Wir nutzen es gern aus, wenn wir die Preise für den Schlagbohrer oder die Digitalkamera, für die wir uns entschieden haben, direkt vergleichen können, und kaufen dann beim günstigsten Anbieter: Konkurrenz belebt das Geschäft.

Es gibt Hunderte von Handy-Tarifen, Internet-Anbietern, Stromverkäufern. Es gibt in Deutschland über 300 Krankenkassen, die alle um unsere Gunst werben, d. h., sie wollen unser Geld. Wir werden überflutet mit Informationen und Angeboten, die alle behaupten, etwas Gutes mit uns im Schilde zu führen, für uns einen Vorteil anzubieten. Richtig ist, dass diese Angebote ihren eigenen Vorteil im Blick haben. Wir werden umworben, und wem schmeichelt das nicht! Dieses Spiel mögen wir.

Die andere Seite der Medaille:

1. Wir müssen ständig die Informationsflut managen, um entscheiden zu können: Was ist wichtig für mich, was brauche ich wirklich und was nicht. Und das Wichtige müssen wir noch einmal prüfen und vergleichen: Was ist von Vorteil für mich, welches Angebot ist günstig und welches nicht. Allein dieses ständige Vergleichen kostet einen wesentlichen Teil unserer Aufmerksamkeit.
2. Wir sind unsererseits genötigt, uns selbst immer wieder zu verkaufen, z. B. auf dem Arbeitsmarkt, wenn wir Bewerbungen schreiben, als Freiberufler („Ich-AG") oder wenn wir selbst Händler sind. Wir sind Menschen, und Menschen sind eigentlich nicht käuflich. Trotzdem sind wir gezwungen, uns anzubieten, schmackhaft zu machen, Interesse zu wecken. Sonst bleiben wir auf der Strecke.

## Internalisierung von äußeren Konflikten

Die Konkurrenz fängt aber nicht erst an, wenn wir mit anderen Menschen zu tun haben, sondern früher; bereits im Individuum (das „Unteilbare") herrscht Konkurrenz: Wenn man regelmäßig Sport treibt, kommt man nicht zum Lesen, wenn man seinen Artikel schreibt, kommt man nicht dazu, seine Freunde zu besuchen, wenn man selber kocht, kommt man nicht dazu, seine Wohnung aufzuräumen usw. Eine Tätigkeit versucht, die anderen zu verdrängen; alles ist genauso wichtig! Viele Menschen wünschen sich, dass ihr Tag 36 Stunden hätte – in dem Glauben, dass sie dann das Wichtigste wohl schaffen könnten.

Es wird empfohlen, Unwichtiges wegzulassen und möglichst viel zu delegieren. Kann man sich auch selbst delegieren?

Ich versuche, einen Lebensstil zu entwickeln,
der meine Anwesenheit nicht erfordert.

*Oscar Wilde*

Aber was ist denn wichtig? Wer entscheidet das? In uns lebt eine Vielfalt innerer Anteile, die alle so tun, als seien sie die Hauptperson, und alle nennen sich „Ich". Viele von ihnen konkurrieren ständig gegeneinander. Auch hier setzt sich oft ein Teil gegen die anderen durch; der Teil mit der größten Macht entwickelt sich auf Kosten der anderen, die langsamer sind oder schwächer oder zu geduldig, um die Veränderung zu registrieren. Das gefährdet die Stabilität und das Gleichgewicht des Gesamtsystems. Wir sollten ein Optimum anstreben und nicht zulassen, dass der dominante Anteil sein Maximum durchsetzt.

Viele Menschen sind dieses ewigen Kampfes inzwischen müde; dabei erschöpft der innere wahrscheinlich ebenso sehr wie der ständige äußere Kampf (siehe übernächstes Kapitel).

## Einmal einfach

Als ich klein war, sagte meine Mutter zum Schaffner: „Einmal einfach!", und gab ihm 30 Pfennig. „Einfach" hieß der Fahrschein, mit dem man nicht umsteigen durfte. Ein „Umsteiger" kostete 40 Pfennig, aber das brauchten wir nicht. Dass ich als Kind gar nichts kostete, fand ich gerecht, ich wollte sowieso nicht Bus fahren, aber ich musste mit.

Heute ist das Leben in allen Bereichen deutlich komplizierter: Es gibt nicht nur zwei, sondern fast 40 verschiedene Tickets; es gibt Hunderte von Banken, Versicherungen, Handy-Tarifen; mein Telefon kann 20 Nebenstellen verwalten und jeder davon eine andere Klingelmelodie zuweisen. Wozu ist es gut, so viele Wahlmöglichkeiten zu haben? Zwei Wahlmöglichkeiten sind besser als eine, aber sind 200 auch besser als acht? Und auch dann, wenn sie voneinander kaum noch unterscheidbar sind?

Heute wollen sie einem alle einen „Umsteiger" verkaufen, am besten im Jahresabo. Etwas anderes scheint es kaum noch zu geben! Ich sehne mich nach „einmal einfach" für den Alltag, um meinen Kopf freizuhalten für meine Vorlieben: Ich möchte mal wieder in Ruhe ein Buch lesen, mich meinem Geist widmen, ins Konzert gehen, ich möchte Platon lesen und ihn verstehen, ich möchte mal wieder Sartre übersetzen, aber meine geistigen Kapazitäten sind erschöpft durch E-Mails, erforderliche Updates, neue Tarife, verlockende Angebote und deren Abwehr, Computer-Abstürze ...

Wenn eine bestimmte Schwelle erst einmal überschritten ist, vermehren sich die neuen Ideen wie die Kaninchen; wir denken immer schneller und oberflächlicher, um mithalten zu können. Rasender Stillstand, wie beim Hamster in seinem Laufrad.

Verkomplizierung statt Differenzierung, hohes Tempo statt Tiefgang, bunte Bilder überall. Wie setze ich Grenzen gegen die Aufmerksamkeitsräuber? Geld ist knapp, Zeit ist knapp, aber am begehrtesten, am stärksten umkämpft, am knappsten ist das Gut „Aufmerksamkeit"!

## Tägliche Nachrichten vom Kriegsgeschehen

Die Art, wie Reporter zum Beispiel von Parteitagen berichten, erinnert an Kriegsberichterstattung. Vielleicht liegt es an der Abfolge, wie in der Tagesschau über die Finanzkrise, Steuerreform, Arbeitsmarkt, Selbstmordattentate berichtet wird; Rentenreform, Krieg in Afghanistan, Gesundheitsreform, den Irak und so weiter. Eins nach dem anderen, wie die Ergebnisse aus der Fußballbundesliga: 18 Mannschaften, das sind neun Spiele, hier ein Spitzenspiel, da eine Hängepartie, dort ein, zwei überraschende Ergebnisse, aber prinzipiell gelten für alle die gleichen Regeln: Sie gehören zur gleichen Klasse von Ereignissen. Dasselbe gilt für die Nachrichten: überall Kampfabstimmungen, Kampf gegen die Arbeitslosigkeit, Polarisierung.

Eine elegante Möglichkeit des Ausstiegs liefert uns das Fernsehen gleich mit: Umschalten. Nach den Schreckensnachrichten schaut man *Lieder so schön wie die Heimat* oder *Das Kochduell*. Leider, werden viele jetzt sagen, fällt das Umschalten bei uns Menschen nicht ganz so leicht. Für uns gibt es andere Möglichkeiten, die ein wenig komplizierter sind: Flucht, Ablenkung, Urlaub – möglichst weit weg.

Wie aber gehen Menschen miteinander um, wenn sie miteinander umgehen müssen und nicht weglaufen können? Im Alltag, wenn wir vor Ort bleiben müssen, haben sich einige Spiele der Erwachsenen bewährt, die Eric Berne in seinem Buch *Games people play* vorstellt.[1]

Er unterscheidet dabei vor allem zwischen Ehespielen, Partyspielen, Räuberspielen, Doktorspielen, Sexspielen und Lebensspielen: Für jede Situation finden sich die passenden Spiele.

Diese wurden von Stephen Karpman ergänzt um das Spiel Retter – Verfolger – Opfer, das ich im folgenden Kapitel beschreibe.

## Scheinbare Auswege aus der Polarisierung

Wenn man sich mit einem „Gegner“ konfrontiert sieht, hat man zwei Möglichkeiten der Bewegung: vor oder zurück. Wenn man sich überlegen fühlt, wird man die Bewegung nach vorn bevorzugen; fühlt man sich unterlegen, weicht man besser zurück. Stehen bleiben ist auch eine Möglichkeit, gerne in Kombination mit Kopf einziehen, sich ducken, in Deckung gehen. So wird es Soldaten beigebracht, aber oft genug finden wir auch im Alltag unsere Bewegungsmöglichkeiten derartig reduziert.

Abb. 3: Fairer Kampf

Eine direkte Konfrontation kann nur sinnvoll sein, wenn beide Seiten etwa gleich stark sind, z. B. bei einem politischen Streitgespräch, wie etwa zwischen den Spitzenkandidaten vor der Wahl: Hier heißt es Farbe bekennen in direkter Konfrontation, ein Ausweichen ist nicht möglich; beim Architektur-Wettbewerb, beim Boxen, bei „Jugend forscht“ oder beim 100-Meter-Lauf: Man zeigt sich, man misst seine Kräfte, die Bedingungen sind klar.

Ist einer von beiden deutlich stärker, wird er gern den Kampf suchen und seine Überlegenheit genießen: Gewinnen macht Spaß. Der Unterlegene hat prinzipiell drei Möglichkeiten:

1. Fliehen. In der Linie bleiben und weglaufen.
2. Stehen bleiben: die klassische Opferhaltung. Erdulden, ertragen, warten auf bessere Zeiten.
3. Gegenhalten, den Feind angreifen: die klassische Märtyrerhaltung. Selbstmord, sich opfern.

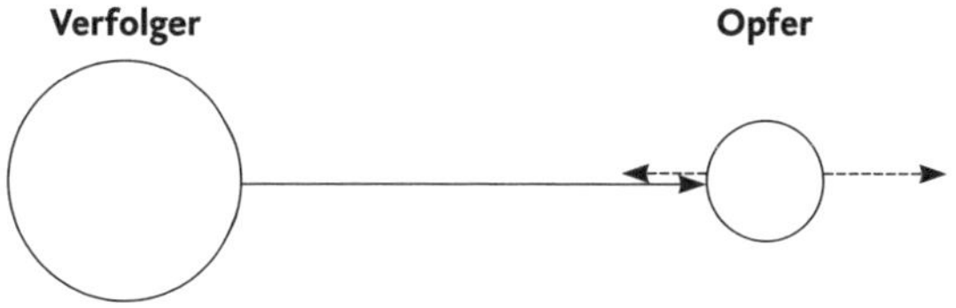


Abb. 4: Gewalt, Unterdrückung

Alternativ dazu haben wir in unserer heutigen Kultur noch eine vierte Möglichkeit: Wir können seitlich ausscheren, aus der Schusslinie gehen. Wir gehen der Konfrontation aus dem Weg: Entweder lenken wir ab (uns selbst oder den Gegner),

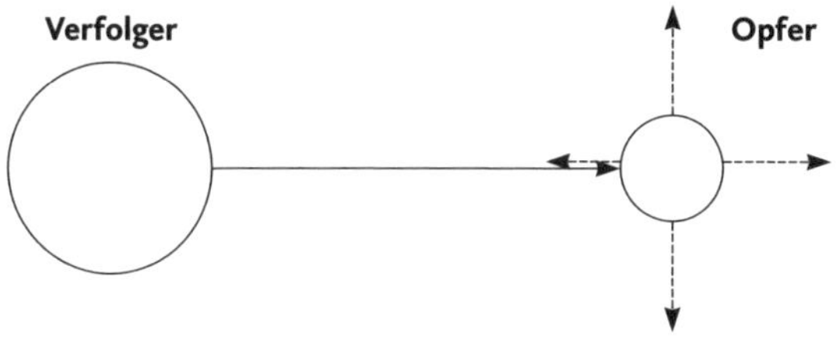


Abb. 5: Gewalt, Opfer weicht aus

oder wir suchen uns einen dritten, entweder einen, der für uns Partei ergreift (Retter), oder zumindest einen Unparteiischen (Schiedsrichter). Eine derartige Dreieckskonstellation mildert eine Konfrontation deutlich ab. Dieser scheinbare Ausweg aus der Polarisierung ist jedoch meistens der Einstieg in ein beliebtes Gesellschaftsspiel, das nach seinen drei Protagonisten den Namen Retter – Verfolger – Opfer trägt.

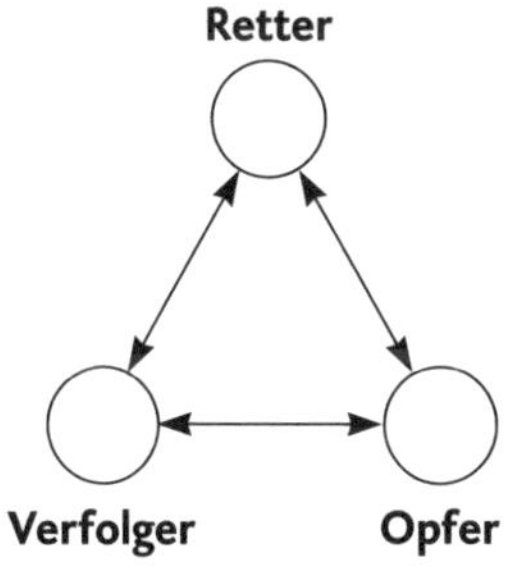


Abb. 6: Retter – Verfolger – Opfer

Dieses sogenannte *Drama-Dreieck* wurde von Stephen Karpman eingeführt.[1] Eric Berne schreibt dazu:

> Im Leben wie auf der Bühne beruhen alle „Dramen" auf Umschaltprozessen. […] Jeder Held in einem Drama oder im Leben (der Protagonist) beginnt mit einer der drei Hauptrollen: als Retter, als Verfolger oder als Opfer, während der Gegenspieler (der Antagonist) eine der beiden anderen Hauptrollen übernimmt. Wenn es zum dramatischen Höhepunkt (d. h. zur „Krise") kommt, tauschen die beiden Hauptakteure ihre Rollen und bewegen sich dann in einer Dreiecks-Situation.
> Während der Ehe spielt beispielsweise der Ehemann die Rolle des Verfolgers, und die Ehefrau übernimmt die Rolle des Opfers. Wird nun die Scheidung eingereicht, dann kehren sich ihre Rollen ins genaue Gegenteil: Jetzt wird die Ehefrau zur Verfolgerin und der Ehemann wird zum Opfer, während die Anwälte die Rolle der miteinander konkurrierenden Retter übernehmen.[2]

Jeder Mensch hat, seinem Naturell oder seiner Neurose entsprechend, eine Lieblingsrolle, über die er in dieses Spiel einsteigt, in der er sich am wohlsten fühlt oder am häufigsten aufhält. Es gehört zum Spiel, dass an einer bestimmten Stelle ein mehr oder weniger abrupter Wechsel stattfindet.

Beispiel: Eine bürgerliche Kleinfamilie

Der 17-jährige Sohn hat vor einem Jahr seine Lehre abgebrochen, seitdem hängt er lustlos rum, arbeitet nicht und hat keine Idee, was er tun könnte (Opfer). Er kifft, schläft bis mittags und lässt sich von seiner Mutter (Retter) versorgen. Eines Tages reicht es ihr, sie fühlt sich ausgenutzt (Opfer) und sie stellt ihn wieder einmal zur Rede (Wechsel von Opfer/Retter nach Verfolger):

„Willst du dir nicht endlich mal eine Arbeit suchen! Ich habe keine Lust mehr, dir deine Sachen hinterherzuräumen und für dich zu kochen, wenn du nur den ganzen Tag rumhängst. Was soll denn aus dir werden! So kann es nicht weitergehen!"

Der Sohn fühlt sich zu Unrecht beschuldigt und kehrt den Spieß um, macht seiner Mutter Vorwürfe: „Dein Gejammere geht mir echt auf die Nerven. Ihr seid doch an allem schuld! Ihr habt mich gezwungen, diese blöde Lehre in diesem blöden Betrieb anzufangen, ich wollte was ganz anderes lernen. Ich schlafe so lange ich will, und mit deinem Fraß kannst du die Ratten füttern. Lern du erst mal kochen! Und deine Ratschläge brauche ich schon gar nicht!", und knallt die Tür zu.

Folge: Die Mutter wechselt von Verfolger nach Opfer, sinkt zu Boden und weint.

Der Vater kommt nach Hause, freut sich auf einen schönen Abend, findet seine Frau verzweifelt am Boden vor. Er wechselt in die Rolle Retter: „Was ist los, mein Liebes? Bist du hingefallen?“ Die Mutter erzählt ihm, was vorgefallen ist. Er hört ihr zu, sie fühlt sich verstanden und unterstützt und beruhigt sich. Sie glaubt, jetzt würde der Fall zurechtgerückt.

Der Vater wechselt von Retter nach Verfolger, der seit langer Zeit schwelende Groll auf seinen Sohn steigt in ihm hoch, wutentbrannt rennt er in das Zimmer seines Sohnes, zieht ihn aus dem Bett, und ohne lange zu fragen, prügelt er auf ihn ein.

„Was fällt dir ein, so mit deiner Mutter umzugehen! Du Versager liegst uns auf der Tasche. Dir werde ich beibringen, deine Eltern zu respektieren ...“ (usw.)

Der Sohn wechselt in die Opferrolle, ist erschrocken, beginnt zu weinen, bald schreit er vor Schmerz. Der Vater schreit und beschimpft seinen Sohn, anscheinend außer sich. Die Mutter hört ihren Sohn schreien, bald hat sie Angst um ihn, fürchtet, der Vater verletzt ihn ernsthaft.
Sie wechselt wieder in die Rolle des Retters und kommt ihrem Sohn zu Hilfe, schreit ihren Mann an: „Jetzt gehst du zu weit! So schlimm war's doch gar nicht. Er hat es nicht so gemeint. Du hättest ihn unterstützen sollen, diese Verweigerungshaltung hat er doch von dir. Ist Prügeln das Einzige, was dir dazu einfällt!?“ Die Mutter verbündet sich mit dem Sohn gegen den Vater, und der Vater wird zum Opfer.

Dieses Beispiel mag uns extrem erscheinen; Vergleichbares geschieht aber öfter als wir glauben. Derartige Spiele finden überall statt, nicht nur in Familien; und täglich erscheint eine neue Folge.

Es werden drei Schweregrade unterschieden: In einem Spiel erster Ordnung kann das Opfer sich noch zu seinem Verlust bekennen, weil man den Zuhörer mental und emotional auf seiner Seite glaubt; man schimpft oder macht sich lustig über den eigenen Verlust, man spielt ihn herunter und weist jede Verantwortung von sich. Beispiel: eine Scheidung, die einen finanziell erheblich belastet. In einem Spiel zweiter Ordnung wird das Opfer seine Verluste geheim halten oder verleugnen; der Gesichtsverlust wäre zu groß. Beispiel: Man hat Haus und Hof beim Pokern verloren. Das Gleiche gilt für den Verfolger: Mit dem Gewinn von Spielen erster Ordnung wird öffentlich geprahlt, Gewinne aus Spielen zweiter Ordnung (z. B. kleinere Betrügereien) verschweigt man lieber. Spiele dritter Ordnung enden oft im Leichenschauhaus oder im Gerichtssaal.[3] Ein Täter ist immer in der Rolle des Verfolgers; umgekehrt nicht unbedingt.

Im Allgemeinen versucht man, das Spiel auf einem Gebiet auszutragen, in dem man selbst überlegen ist, um nicht als Opfer dazustehen. Wenn man aber allzu überlegen ist, wird sich das Opfer auf ein anderes Spielfeld begeben oder nach Rettern Ausschau halten; sie lassen meist nicht lange auf sich warten, Retter sein ist in der christlichen Kultur sehr *en vogue*, entweder aus der Position des Ratgebers: „Du solltest auf mich hören. Ich weiß am besten, was gut für dich ist!“, oder aus der des Helfers: „Ich tu immer so viel für andere, an mich selbst denke ich immer zuletzt! Ich opfere mich auf für dich!“

Selbst der vorherige amerikanische Präsident, geradezu ein Musterbeispiel für einen Verfolger, gab sich als Retter aus, als er seine Soldaten im Irak einmarschieren ließ. Er schien überrascht und empört, als die halbe Welt ihn als Verfolger durchschaute und behandelte.

Ein ähnliches Spiel findet an der Börse statt: Anlageberater wie z. B. Fonds-Manager spielen gern die Rolle der Ratgeber (was dem Retter entspricht) und laden Anleger ein, hier ihr Geld zu investieren, um zu gewinnen. Doch so mancher Anleger wurde schon zum Opfer und hat viel verloren; nicht wenige Berater werden als Verfolger enttarnt, die nur ihren eigenen Vorteil im Blick haben. Als Retter springt nun der „Staat“ ein. Da er kein eigenes Geld hat, sondern nur das der Steuerzahler verwaltet, nimmt er einfach deren Geld, wodurch in diesem Spiel der Steuerzahler zum Opfer wird, da er weder freiwillig noch gern aushilft. Wenn im nächsten Schritt die Regierung die Geldströme zu regulieren versucht, was ihre eigentliche Aufgabe ist, wird sie von den „Finanzhaien“ – die sich nun wieder seriös und verantwortungsvoll geben – kurzerhand zum Verfolger erklärt: *Damit würgt ihr die Wirtschaft ab! Allen wird es schlechter gehen!* Worauf die Politiker sofort zurückweichen, alles beim Alten belassen und nichts tun – in ihrer Angst: *Der Wähler wird zum Verfolger und wählt uns ab!*, fühlen nun sie sich als Opfer. Auch bei diesem Beispiel kann prinzipiell jeder Teilnehmer jede Rolle spielen.

Im letzten Beispiel möchte ich Systeme und ihre Vertreter anführen: Systeme dienen heute oft dem Selbstzweck, z. B. an der Universität. Humanistische Bildung und Wissenschaftlichkeit treten zugunsten der Effektivität in den Hintergrund; hier geht es meist nur noch um ein reibungsloses Funktionieren, und menschliche Werte werden an den Rand gedrängt. Um im Uni-Ranking vorne mit dabei zu sein, um zur Elite-Uni zu werden, um mehr Gelder zu bekommen, sollte eine Universität anstreben, groß zu werden und möglichst viele Studenten zu haben. Also wirbt sie um Studenten: An einigen Unis werden Studenten heute als „Kunde“ bezeichnet und benehmen sich oft auch so; der Student wird zum Verfolger, er fordert Leistungen ein, wie er es im Windows-Menü gelernt hat, wie aus einer Speisekarte: Man sucht sich aus, was einem gefällt.

Die Lehrenden sind angehalten, den Geschmack der „Kunden“ zu bedienen, das heißt, Kurse und Seminare so anzubieten, dass möglichst viele Studenten sie besuchen wollen. Auf dem Markt nennt sich das Angebot und Nachfrage, und da macht es auch Sinn; für die Qualität der Ausbildung eher nicht. Viele Lehrende verbringen heute einen großen Teil ihrer Arbeitszeit im *Control Management* oder *Change Management* (schon der inflationäre Gebrauch der Anglizismen zeigt uns deutlich die Richtung, in die der Zeitgeist sich bewegt), sind verstrickt in Verwaltung, Qualitätskontrolle und Evaluationen, die kein Ende nehmen ...

Mir ist ein wissenschaftlicher Mitarbeiter bekannt, der insgesamt 19 (!) Formulare und Fragebögen ausfüllen musste, bevor er seine halbe Stelle antreten konnte. Gearbeitet hat er vom ersten Tag an; den Arbeitsvertrag bekam er erst nach sechs Wochen Formularkrieg (schon wieder „Krieg“!), sein erstes Gehalt weitere zwei Wochen später.

Im Leistungssport nennen wir die Vertreter des Systems und des geordneten Ablaufs Funktionäre – diese Haltung, dieses Denken bemächtigt sich derzeit auch der Universitäten.

Es sei dem Leser überlassen, die Missbrauchsfälle an Schulen und kirchlichen Einrichtungen zu kategorisieren – besonders hinsichtlich des Schweregrades. Auch die Amokläufe, z. B. der in Winnenden, finden sich hier wieder.

Zur Dynamik des Dramas Retter – Verfolger – Opfer: Sowie eine Rolle auftaucht, sind die anderen beiden auch schon da, und das Spiel kann beginnen. Gemeinsam ist allen drei Rollen die Vermeidung von Eigenverantwortung, und sie arbeiten alle mit massiven Abwertungen:

Der Retter versucht sein eigenes Nicht-ok-Sein (ich –) zu kompensieren, indem er anderen hilft. Dafür muss er die Problemlösungskompetenz der anderen Mitspieler abwerten (du –), was ihm bei Opfern besser gelingt als bei Verfolgern. Opfer sprechen allen anderen eine höhere Kompetenz zu als sich selbst (ich – du +), während Verfolger es genau umgekehrt machen: Sie trauen sich mehr zu als allen anderen (ich + du –). Der Täter nimmt sich, was ihm gefällt, weil er glaubt: „Mir steht mehr zu, und ihr wollt mir das vorenthalten! Also muss ich mir das selbst verschaffen." Und: „Ich bin klüger als ihr! Ihr erwischt mich nicht."

Man gibt Verantwortung ab, wo man sie übernehmen müsste, oder übernimmt Verantwortung, die einem nicht zusteht: Das macht Erwachsene zu Kindern. Sobald ein Opfer einen Retter findet, werden beide zum Verfolger; so funktioniert z.B. Mobbing. Sowie man über jemanden tratscht, ist man in der Verfolger-Rolle.

### Schönwetterrollen

Wenn es keine Konflikte gibt, und wenn sich keine Probleme abzeichnen, sondern alles anscheinend gut läuft, kann jede dieser drei Rollen auch als „Schönwetterrolle" auftauchen:

Der Verfolger wird dann zum Perfektionisten oder zum Pedanten, der alles immer kritisch beäugt, das heißt zum wachsam-lauernden Kritiker, der nur darauf wartet, dass andere einen Fehler machen, damit er wieder zum Verfolger mutieren kann. Viele Perfektionisten glauben, sich selbst am meisten zu verfolgen und zu kritisieren. Und wehe, der Antrag ist falsch ausgefüllt!

Wenn es nichts zu jammern gibt und kein Angriff erfolgt, wird das Opfer gern zum Star oder zum Klassenclown, zum Entertainer oder Pausenclown. Der Star produziert sich, um die Aufmerksamkeit auf sich zu lenken, solange kein Konflikt da ist und er nicht das Opfer sein kann.

Wenn es nichts zu retten gibt, fühlt der Retter sich mies und wird zum Miesmacher. In gut arbeitenden Teams tauchen immer wieder Miesmacher auf, weil sie es nicht aushalten, als

Retter nicht gebraucht zu werden. Sie äußern sich zu Beginn eines Projektes ungefähr so: „Ihr werdet schon sehen, wohin das führt. Aber sagt hinterher nicht, ich hätte euch nicht gewarnt." Und hinterher: „Ich habe es euch ja gleich gesagt. Nächstes Mal solltet ihr auf mich hören!"

Miesmacher sind im Allgemeinen altklug und besserwisserisch; Verfolger sind herablassend und belehrend. Deswegen sind z. B. Diskussionen oft so fruchtlos und statisch: In der Regel sind es polare Konfrontationen zwischen Miesmachern und Kritikern, also zwischen Rettern und Verfolgern. Opfer beteiligen sich gar nicht erst an Diskussionen, da sie fürchten, niedergemacht zu werden. Als Opfer können sie sich nicht wehren, als Pausenclown und Entertainer fürchten sie nichts so sehr wie den Tiefgang. Wer traut sich heute noch, in einer Diskussion zu sagen: „Ich weiß nicht."? Es würde Belehrungen hageln, von Rettern mit Mitleid garniert, von Verfolgern mit Hohn und Spott.

Es gibt immer und überall Verlockungen, in dieses Drama-Dreieck einzusteigen. Wie kann man das (falls man es möchte) vermeiden? Eine gute Möglichkeit ist es, sich zu fragen: Wie ist mein Zustand, bevor es kippt? Mit welchem Gefühl beginne ich einzusteigen? Zu Beginn erlebt man ein typisches Indikator-Gefühl, z. B. Langeweile, Ärger und Groll, Angst etc. An diesem Gefühl, der „Einstiegsdroge", sollte man therapeutisch arbeiten, bis es einen nicht mehr im Griff hat.

Es ist einfacher, die Rollen der anderen zu erkennen als die eigene, vor allem, wenn es sich um Verfolger handelt: Echte Verfolger agieren offen, meist mit Vorwürfen. Schwieriger ist es, den Einstieg mitzubekommen, wenn nicht klar ist, welcher Rolle man gerade begegnet, wen man da vor sich hat: ein Opfer oder einen Retter? Oder doch einen Verfolger? Oft sind Vorwürfe in Fragen versteckt, und es ist nicht leicht zu erkennen, ob sich dahinter ein Retter oder ein Verfolger verbirgt. Man erlebt ein diffuses Gefühl: „Irgendetwas läuft hier ab, und ich weiß nicht, was es ist." Wenn dieses Gefühl zu stark wird und über das Autonome Nervensystem einen Zustand auslöst, landet man wieder in seiner „Lieblingsrolle" – ohne dass Verstand und Vernunft einen großen Einfluss darauf hätten.

Umgekehrt kann man dieses Spiel durch entsprechendes

Verhalten natürlich auch vorantreiben; bisweilen sind derartige Spiele unterhaltsam und spaßig, wenn auch nicht für alle Mitspieler.

Retter haben mehr Verständnis und Einfühlungsvermögen für andere als für sich selbst. Sie erklären, trösten, finden Lösungen für andere. Ihr Erklären und Abstrahieren bewirkt eine Distanz zu ihren eigenen Emotionen; wer sich mit fremden Nöten beschäftigt, muss sich mit seinen eigenen nicht konfrontieren: Das erscheint selbstlos.

Zusammengefasst:

| Rolle: | Neigt zu: | Hat Kontakt verloren zu: | Erscheinungsbild: | Abwertung: |
|---|---|---|---|---|
| Retter | Erklärungen | eigene Emotion | selbstlos | ich – du – |
| Verfolger | Aktionismus | Werte, Bedürfnisse | rücksichtslos | ich + du – |
| Opfer | Passivität | Orientierung | hilflos | ich – du + |

Selbst wenn man es erkannt und durchschaut hat, ist es im Allgemeinen nicht leicht, aus dem gerade laufenden Spiel auszusteigen. Noch schwieriger ist es, für dieses Spiel nicht mehr anfällig zu sein. Dazu wäre es erforderlich, sich frühere Verletzungen und Kränkungen bewusst zu machen, anstatt sie zu leugnen oder zu verdrängen; und sich dann mit seinen persönlichen Stärken und Ressourcen zu verbinden, um das Leid transformieren zu können.

Solange wir es noch verleugnen, sind wir anfällig für solche Spiele. Das ist ja nicht prinzipiell schlimm; wenn wir aber aussteigen wollen, müssen wir uns klarmachen: Nur wenn man sich mit seinen wirklichen Stärken verbindet, hat man die Möglichkeit, sich seinem Naturell entsprechend zur reifen Person zu entwickeln.

Das kann dann so aussehen:

| Rolle: | Schönwetterrolle: | Gereift, transformiert: | Stärke: |
|---|---|---|---|
| Retter | Miesmacher | Mentor, Coach | Werte, Bedürfnisse |
| Verfolger | Kritiker, Perfektionist | tatkräftiger Macher | Orientierung |
| Opfer | Star, Pausenclown | Feingeist, Muse | Inspiration, Emotion |

So lange bleiben wir in der Welt der Ablenkung und Vermeidung, mit der Fernbedienung als Symbol dieser Geisteshaltung: Nur nicht bewegen, nur nichts selbst tun. Weder für den Körper, noch für den Geist; Passivität ist ein guter Schutz, weil sie Verantwortung vermeidet. Wir sollten uns aber bewusst sein: Opfer sind auf Versorgung angewiesen, Vermeidung braucht Retter!

## „Ein feste Burg ist unser Gott“

„... ein gute Wehr und Waffen.“ – Dieser Liedtext von Martin Luther drückt gut aus, wie ein Volk denkt und fühlt, welches ständig von kriegerischen Nachbarn bedroht ist.

Wir sind durchsetzt von dieser Art des Denkens, diesem wesentlichen Paradigma der Christen, das in der Tradition der Juden steht: Wir befinden uns im Krieg! Wir werden ständig angegriffen. Juden waren tatsächlich immer die Opfer, was sie in den Rückzug führte, und in die Diaspora; sie mussten immer möglichst unauffällig leben: Niemanden auf sich aufmerksam machen, im Versteck bleiben. Lasst uns doch in Ruhe. – Dieser Kelch soll an uns vorübergehen. Verstecken als die beste Verteidigung; dableiben, erdulden, nicht weglaufen.

Christen haben sich „Frieden“ auf ihre Fahnen geschrieben und folgen dem Leitsatz: „Wir müssen den Frieden in die Welt bringen, wir müssen die Welt befrieden und missionieren, notfalls mit Gewalt.“ Christen sind wehrhaft. „Angriff ist die beste Verteidigung! Wir müssen den Terrorismus ausrotten.“

Fundamentalisten ist der Frieden egal; Hauptsache, sie gewinnen den Krieg. Fundamentalismus, egal welcher Richtung, ist gut geeignet, um in einer feindseligen Umgebung sein physisches Überleben und das seiner Sippe zu sichern. Geist und Kultur bleiben dabei meist auf der Strecke, aber das blieben sie ja auch, wenn man als Pazifist den Krieg nicht überlebt.

In der heutigen Zeit blüht der Fundamentalismus wieder auf, und inzwischen sehnen sich auch Atheisten nach einer „festen Burg“.

## Das Leitmotiv der Kurzfristigkeit: Lebe jeden Tag so, als wäre es dein letzter!

Einer meiner Kollegen schimpfte gerne: „Die Menschen in den Entwicklungsländern, die denken überhaupt nicht an morgen! Die arbeiten einen Tag lang, und wenn sie das Geld haben, gehen sie nach Hause und leben, bis das Geld alle ist. Dann suchen sie sich wieder Arbeit. Anstatt gleich bei der Arbeit zu bleiben! Die denken überhaupt nicht an morgen! Kein Wunder, dass die nie auf einen grünen Zweig kommen, sondern ihr Leben lang arm bleiben, wenn sie immer von der Substanz leben."

Und wir? Was machen wir, z. B. in Deutschland? Denken wir an morgen? Leben wir nicht auch von der Substanz? Wir leben auch von einem Tag zum nächsten. Wir sorgen uns, aber wir sorgen nicht vor. Wir wirtschaften nicht nachhaltig, weder im Staatshaushalt, noch mit unserer körperlichen Gesundheit; weder mit der Energie, noch mit der Natur, noch mit dem verfügbaren Wasser.

Unternehmen wirtschaften immer kurzfristiger: Wer selbst in vierteljährlichen Bilanzen noch Gewinne ausweisen will, um den Aktienkurs hochzuhalten, wird die Nachhaltigkeit vernachlässigen und von der Substanz leben, wird kurzfristige Profite anstreben.

Wir denken immer kurzfristiger: Im Krieg geht es für die Soldaten darum, den nächsten Tag noch zu erleben, und gleichzeitig den Befehlen zu folgen. Flucht aus der Gefahrenzone ist Fahnenflucht, Feigheit vor dem Feind. Der Frieden zu Hause erscheint einem an der Front wie das Paradies. Wer hat uns eigentlich die Befehle erteilt, denen zu folgen wir uns nicht entziehen können? Was steht heute auf „Fahnenflucht": Arbeitslosigkeit? Wo ist „zu Hause"? Wie geht eigentlich „Frieden"?

„Bleib wo du bist und rühr dich nicht, der Feind ist nah und sieht dich nicht!" So haben wir uns als Kinder gegenseitig gewarnt, beim Versteckspielen.

Als Erwachsene haben wir ganz andere Sorgen: Eine falsche Unterschrift, einen Moment nicht aufgepasst, ein dummer Fehler, und man hat für Jahre an den Folgen zu tragen. Wenn Krieg der Normalzustand ist, brauchen wir geschützte Bereiche, wo wir uns sicher fühlen können, um wieder aufzutanken. Wenn wir im Alltag Krieg führen, wie sieht dann eigentlich Heimaturlaub aus? Vielleicht so: Raus aus dem Trott, reif für die Insel – Ablenkung, Abschalten als Hauptziel der meisten Menschen. Üblicherweise fährt man in den Urlaub dorthin, wo es angenehm ruhig ist, warm, wo man sich entspannen und ausruhen kann.

Ein Freund von mir macht es gerade umgekehrt: Im Urlaub steht er immer um 4 Uhr früh auf, er schuftet von früh bis spät, muss sich sehr konzentrieren, anstrengen, aufpassen, er ist den ganzen Tag in der Kälte; ständig angespannt, schreit er sich mit seinen Kollegen gegenseitig an. Abends hat er blaue Flecken, wunde Hände und aufgeplatzte Lippen, und er ist völlig erschöpft. So verbringt er seinen Urlaub! Dann fährt er nach Hause, fühlt sich erholt und arbeitet wieder in seinem Beruf. Was ist daran Urlaub? Er ist passionierter Bergsteiger. Heimaturlaub heißt für ihn: Mit sich selbst verbunden sein, in den eigenen Rhythmus kommen, der von der Natur vorgegeben ist, nicht von der Uhr. Sich rhythmisieren mit der Eigenzeit, anstatt im Takt der Geschäftswelt zu schlagen – immer kurzfristiger und schneller.

## Der schwierige Weg zur Nachhaltigkeit

*Nachhaltiges Denken, Geist und Kultur, in diesen Disziplinen kann man sich in Friedenszeiten üben, aber doch nicht jetzt im Krieg!* – so denken wir.

Und: *Wenn doch alle so denken, wie kann man da als Einzelner anders sein?* – so fragen wir. Aber noch weit davor stellt sich eine viel wichtigere Frage: *Wie gehe ich mit mir selbst um?*

Und unmittelbar daraus folgend: Wie gehe ich mit meiner Zeit um? Wer oder was entscheidet, wie ich meine Zeit einteile, ob ich Druck oder Stress erlebe, Langeweile oder Zufriedenheit? Wenn man mit sich selbst in Frieden lebt, in seinem eigenen Rhythmus, führt das zu fairem individuellen und sozialen Umgang. Wie aber findet man seinen eigenen Rhythmus? Wie verliert man ihn?

# Der Kampf gegen die Zeit

## Zeitmanagement

Der Markt bietet eine Fülle von Literatur zum Umgang mit der Zeit. Durchgängig bei allen Ansätzen ist die Vorannahme: Zeit ist knapp, Zeit verrinnt. Und damit sie nicht nutzlos vergeht, muss man sie in den Griff bekommen, die Zeit beherrschen.

In allen Ansätzen des Zeitmanagements wird die Zeit und ihr natürlicher Verlauf behandelt wie ein Kriegsgegner, aus dem man einen Kriegsgefangenen machen sollte. Es kann nur einen Sieger geben – entweder die Zeit oder ich. Wer ist eigentlich „ich"? Diese Frage sollten wir uns öfter stellen. Sicher ist: Die Art der Betrachtung und Behandlung der Zeit als Gegner führt zu einem Positionsdenken, zur Polarisierung, vor allem bei Stephen Covey, einem Pionier des Zeitmanagements, der die ganze Welt einteilt in richtig und falsch, entweder/oder, gut und böse, und zeigt sich deutlich in seiner Sprache durch die Nutzung von Kriegsmetaphern wie z. B. Meisterschaft ist Sieg über das Selbst; Herrschaft über uns selbst; ... es herrschen Einheit, Harmonie und Integrität – es reicht nicht, dass sie anwesend sind, nein, sie müssen herrschen.[1]

Die Vorstellung von einer Zeit, die kontinuierlich vergeht, entstand vermutlich im Volk Israel. Die Israeliten glaubten, im Unterschied zu ihren Nachbarvölkern, dass es nur einen einzigen Gott gebe, dass dieser einen festen Plan für sie habe und dass damit ihre Zukunft vorherbestimmt sei. Ihre Idee war: *Die Zukunft ist besser für uns als die Gegenwart*, und dadurch, dass die Zeit vergeht, gibt es eine beständige Entwicklung.

War das der Beginn des neuzeitlichen Denkens – nicht mehr zyklisch der Natur unterworfen?

War das die Entstehung der *linearen Zeit* – aus dem Geiste der Konkurrenz zu den Nachbarn?

War das die Entstehung des Fetischs *Grenzenloses Wachstum*?

In die heutige Sprache übertragen hieße das:

- Wir gelangen vom Ist-Zustand zum Soll-Zustand allein dadurch, dass Zeit vergeht.

- Die Zeit arbeitet für uns. Jedes Jahr wird besser als das Jahr davor.

In dieser Lage befindet man sich, wenn das eigene Guthaben mehr Zinsen einbringt, als man verbraucht; jeden Tag ist man reicher als am Tag zuvor. Die meisten Menschen erleben es eher umgekehrt: Wenn ich nicht ständig schufte, stehe ich morgen vor dem Nichts! Ich kann gar nicht so schnell arbeiten, wie das Geld schon wieder weg ist – also muss man gegen die Zeit kämpfen.

## Die Konstruktion des Ich

Das bedeutet: In der heutigen Zeit, ohne Gottes Gnade, wenn ich nicht mehr an Vorherbestimmung und Schicksal glaube wie damals die Israeliten, bin ich jederzeit selbst verantwortlich für meine Entwicklung und für das Erreichen meiner Ziele. Schon wieder diese Instanz namens „ich“! Wer ist „ich“? Ich denke, ich handle, ich fühle, ich esse, ich ärgere mich über mich selbst – immer derselbe, oder jedes Mal ein anderer namens „ich“?

Wir neigen dazu, das Ich mit unserer Identität gleichzusetzen und für konsistent zu halten. Das funktioniert gut, solange alles in Ordnung ist, nach Plan läuft, keine Probleme auftreten. Bisweilen aber kommt es zu inneren Konflikten. Was tun? Wer entscheidet letzten Endes, wer ist das Haupt-Ich? Wer ist der Chef im Ring? Das Denken, das Gefühl oder ein demokratisch gewähltes Komitee? Wer entscheidet, wo's langgeht? Das Bewusstsein?

Robert Ornstein schreibt darüber: *Das Bewusstsein ist eine Konstruktion.*[2] Wer aber ist der Konstrukteur? Das Bewusstsein selbst? Diese Selbstreferenz würde unweigerlich zu Paradoxien führen, wie u. a. Gregory Bateson nachgewiesen hat.[3] Im nächsten Abschnitt wird davon noch die Rede sein.

Wie kann man selbst Verantwortung übernehmen für seine eigene Entwicklung, wenn man nicht einmal Herr seines eigenen Bewusstseins ist? Ein möglicher Versuch: Man teilt seine Zeit ein, macht Zeitpläne, und gerät in Stress, wenn man sie nicht einhalten kann, wenn man dem Erwartungsdruck weder ausweichen, noch ihm standhalten kann. Wo und wie entsteht dieser Erwartungsdruck? Kommt er von außen oder entsteht er in uns, oder beides? Ich vertrete hier die These: Er ist in uns, er ist ständig anwesend. Es braucht äußere Faktoren, um innere Verhaltensmuster auszulösen, aber den meisten Druck machen wir uns immer noch selbst.

Stress ist ein körperliches Symptom, eine charakteristische Reaktion des Organismus zur Adaptation an Stressoren, z. B. bei Angriff, bei unvorhergesehenen, ungewöhnlichen Außenreizen. Wie ist es aber möglich, dass Denkvorgänge als solche den Körper in Mitleidenschaft ziehen? Wie kann der Körper Stressreaktionen aufgrund intrinsischen Erwartungsdrucks zeigen?

## Das Konzept der neurologischen Ebenen

Das Modell der neurologischen Ebenen menschlicher Wahrnehmung beschreibt die Verbindung zwischen Denkvorgängen und somatischen Reaktionen besonders gut:

Jede Erfahrung der Wirklichkeit, die wir Menschen machen, geschieht durch unsere fünf Sinne und die Struktur unseres Nervensystems. Diese Erfahrung der Wirklichkeit wird in unserem Nervensystem repräsentiert und in neuronalen, zum Teil kognitiven Mustern abgebildet. Wir können also nicht wissen, was Wirklichkeit ist, sondern orientieren uns an unseren subjektiven Mustern, unserer „inneren Landkarte“. Diese neuronalen Muster sind auf verschiedenen hierarchischen Ebenen repräsentiert, welche ein Gesamtsystem bilden.

Aufbauend auf Russell & Whitehead[4], A. Korzybski[5] und G. Bateson[6] entwickelte R. Dilts[7] das Modell der Neurologischen Ebenen in der Wahrnehmung des Menschen. Beachten Sie bitte, dass es sich bei dieser Analogisierung um ein Modell handelt; es wird also weniger theoretisch begründet, z. B. im Rahmen der Entwicklungspsychologie, sondern bezieht seine Existenzberechtigung vielmehr aus der Antwort auf die Frage, ob es in der Praxis brauchbar ist. Es kann also nicht richtig oder falsch sein, sondern nur anwendbar, praktisch, effektiv – oder eben nicht. Sollte es sich als unbrauchbar oder ineffektiv erweisen, muss es modifiziert oder ganz aufgegeben werden. Den neurologischen Ebenen sind in diesem Modell jeweils folgende körperliche Funktionen zugeordnet:

| Ebene | entsprechende Funktion im Nervensystem | Lokalisierung |
|---|---|---|
| Identität | Immunsystem, Hormonsystem / Lebenserhaltende Funktionen | dezentral / Stammhirn |
| Glaubenssätze, Innere Werte, Überzeugungen | Autonomes Nervensystem, Vegetativum / Emotionen; unbewusste Aktivitäten wie: Pupillenreaktion, Schweißbildung etc. | Zwischenhirn |
| Fähigkeiten | Kortikales Nervensystem / Bewusstsein Vorbewusste Aktivitäten wie: Augenbewegungen, Körperhaltung etc. | Großhirnrinde |
| Verhalten | Motorisches Nervensystem / Bewusste Aktivitäten, Willkürmotorik | Pyramidal, Cerebellum, Efferente Nervenbahnen |
| Umgebung | Peripheres Nervensystem / Empfindungen und Reflexreaktionen | 5 Sinneskanäle, Afferente Nervenbahnen |

Die Aufgabe einer jeden Ebene ist es, die darunter liegende Ebene zu organisieren. Bei Anregung des Systems werden alle Ebenen gleichzeitig aktiviert und reagieren in typischen Mustern. Das Nervensystem ist auf allen Ebenen aktiv, wobei uns aber nicht jede Ebene in ihrer jeweiligen Aktivität bewusst wird. Das meiste bleibt unbewusst, anderes zieht unsere Aufmerksamkeit auf sich. Varela spricht hier von einer Emergenz des Systems.[8]

Ein Problem, das sich auf einer Ebene bemerkbar macht, lässt sich auf dieser Ebene nicht lösen – sondern nur, indem man (mindestens) eine Ebene höher ansetzt. Die Schwierigkeit, Glaubenssätze und Überzeugungen zu verändern, erklärt sich daraus, dass sie vor allem im Zwischenhirn wirksam sind. Im Sprachzentrum des Kortikalen Nervensystems wird ein Glaubenssatz zwar als Satz abgebildet; er ist aber nicht mit Logik und Vernunft veränderbar. Dazu gleich mehr.

Ein wichtiger Punkt für die Belange dieses Kapitels („Kampf gegen die Zeit") ist dabei, dass das Zeiterleben auf jeder Ebene unterschiedlich ist; die Langfristigkeit nimmt nach oben zu.

## Bewusstsein

Selbst wenn wir im rationalen Modus denken, ist dieses Denken und Bewusstsein gefärbt von unseren Überzeugungen und Paradigmen, ohne dass wir es merken – wie der Fisch das Wasser nicht erkennt, in dem er schwimmt.

Robert Ornstein schreibt über das Bewusstsein etwa Folgendes[9]:

- Jede Gemeinschaft teilt gewisse Vorannahmen hinsichtlich der Wirklichkeit.

Wir nehmen z. B. an, die Welt sei konservativ und beständig. Diese Annahme ermöglicht ein stabiles Bewusstsein, und das Bewusstsein ermöglicht ein stabiles System von Kategorien.

- Der Preis für diese Stabilität der Kategorien ist eine Unempfindlichkeit gegen neue Ideen.[10]
- Das Bewusstsein ist ein System zur Datenreduktion.
- Auswahl aus einem Kontinuum: Unser Geist geht mit Informationen um wie ein Bildhauer mit einem Felsblock; er arbeitet das heraus, was er darin erkennt.
- Der Geist ist ein Schauplatz gleichzeitiger Möglichkeiten.

Wir können die Funktion des Bewusstseins vielleicht mit einer Taschenlampe vergleichen, mit der man von einem dunklen Raum immer nur kleine Bereiche ausleuchten kann. Wer trifft jeweils die Wahl, wohin das Licht zu einem bestimmten Zeitpunkt gelenkt wird? Welche Bedingungen müssen erfüllt sein, so dass wir selbst entscheiden können, was wir im Fokus unseres Bewusstseins halten?

Ein stabiles Bewusstsein hat einen hohen Überlebenswert – aber nur in dem Kontext, in dem es entstand. Gemeinsame Vorannahmen, die dem Denken implizit sind, zeigen sich in der Sprache; die Sprache ist ein Modell der Welt.[11,12] Innerhalb dieses Modells entwickeln wir ein Bewusstsein, das unter anderem durch die Sprache und Kultur begrenzt bleibt: Mitteleuropäer, Inuit, Beduinen, Indianer haben jeweils ein unterschiedliches Bewusstsein. Und sie haben nicht die Möglichkeit, einfach von einem Bewusstsein in ein anderes zu wechseln.

In kritischen Situationen, wenn wir emotionalen oder körperlichen Gefahren ausgesetzt sind, bleibt wenig Raum und Zeit für geistreiches Denken, und selbst vom logischen Denken verbleibt uns oft nur ein Rudiment: Wenn Instinkte und

Reflexe unser Verhalten stärker bestimmen als das Bewusstsein und wir eher mit Kampf, Verteidigung oder Flucht reagieren, ist das bewusste Denken vor allem mit der Aufgabe beschäftigt, unser Verhalten als vernünftig und rational zu erklären, wobei rational so viel bedeutet wie gespalten, getrennt. In der Mathematik spricht man von rationalen Zahlen; das ist nicht etwa die Menge der vernünftigen Zahlen, sondern der Brüche: Zähler und Nenner sind getrennt durch einen Bruchstrich.

Unser Handeln folgt unseren Entscheidungen, aber diese resultieren oft direkt aus unseren Glaubenssätzen und Überzeugungen, die tiefer einprogrammiert sind als Bewusstsein und Denken. Wir glauben im Allgemeinen, wir hätten frei und bewusst entschieden, was meistens auch zutrifft – aber nicht immer. Wer trifft die Auswahl? Der Geist? Das Bewusstsein? Wer legt die Regeln fest, nach denen das Bewusstsein „Realität" konstruiert? Oder ist es vielleicht genau umgekehrt, dass nicht das Bewusstsein die Realität konstruiert, sondern die Differenzierung der Realität das Bewusstsein? Dass die Unterschiede, die wir wahrnehmen, das Bewusstsein erschaffen?

Die Ebene, die in unserem Nervensystem einen höheren Rang innehat als unser Bewusstsein, ist die Ebene der Glaubenssätze und Überzeugungen: die gemeinsamen Vorannahmen.

## Glaubenssätze, Überzeugungen, Automatismen

In der Primatenhorde ist bei der Steuerung der Gruppendynamik das Zwischenhirn dominant, wenn Fragen auftauchen wie z. B.: Wer ist das Alphatier? Welche gemeinsamen Regeln gelten hier, vor allem hinsichtlich der Rangordnung? Wir Menschen leben heute zivilisierter, wir besitzen einen Neocortex, differenziertes Denken, Sprache und Kultur, aber das bedeutet nicht, dass die archaischen Gehirnzentren von ihrer Macht etwas eingebüßt hätten; wenn es ernst wird, sind sie nach wie vor dominant: Wer der Ranghöhere ist, wird immer noch im Zwischenhirn entschieden! Auch beim Menschen.

Und wann es ernst wird, ob eine Gefahr besteht oder nicht,

entscheidet nicht das Bewusstsein. Wir sollten uns nicht einbilden, wir hätten die sozialen Regeln der Primatenhorde endgültig hinter uns gelassen: Im Ernstfall gilt das Kriegsrecht, nicht das bürgerliche Recht. Oft fühlen wir uns bedroht, obwohl wir wissen, dass keine Gefahr besteht; in solchen Situationen sind Glaubenssätze aktiv.

**Über die Eigenschaften, die Wirkungsweise und das Verändern von Überzeugungen**

Die Ebene der Überzeugungen ist hier der des Autonomen Nervensystems zugeordnet. Auf dieses hat das Bewusstsein – aus gutem Grund – keinen Zugriff, auf das Hormon- und das Immunsystem noch weniger. Beide Bereiche werden unbewusst geregelt und befinden sich im Allgemeinen im Gleichgewicht, ohne dass wir uns darüber Gedanken machen.

Glaubenssätze sind die Überzeugungen, die wir von der Welt, dem Leben und von uns selbst haben. Vor allem die von uns selbst lassen sich nicht ohne weiteres verifizieren oder falsifizieren, wir können sie glauben oder auch nicht; auch wenn sie sich immer wieder als falsch herausstellen, geben wir sie nicht so leicht auf.

> Überzeugungen sind gefährlichere Feinde
> der Wahrheit als Lügen
>
> *Friedrich Nietzsche*

In der Wissenschaft verhält es sich mit Überzeugungen und Glaubenssätzen ganz ähnlich: Hier werden sie als Paradigmen bezeichnet[13] und so behandelt, als wären sie wahr. Vor 500 Jahren glaubte man, die Pest sei eine Strafe Gottes, und die Syphilis sei unheilbar. Wenn wissenschaftliche Paradigmen falsifiziert werden, braucht es gewöhnlich weitere 20 Jahre, bis sich das neue Paradigma durchsetzt – so lange bis es seinerseits wieder umgestoßen wird.

Individuelle Glaubenssätze entstehen im Allgemeinen durch frühe Erfahrungen und durch elterliche Botschaften, und sie setzen sich in uns fest, bevor wir den Intellekt haben, eine Meta-Position einzunehmen, um sie zu hinterfragen. Sie sind auf einer Ebene des Nervensystems gespeichert, die uns durch Nachdenken kaum zugänglich ist, ähnlich wie wir mit unserem Willen kaum den Herzschlag verändern können. Daher lassen sich Überzeugungen durch bewusstes Nachdenken nicht ohne weiteres verändern.

Allerdings können Glaubenssätze und Überzeugungen durchaus Einfluss auf unsere Befindlichkeit ausüben, auf unseren Zustand und unsere Gesundheit. Den größten Einfluss auf das Autonome Nervensystem haben Glaubenssätze, die man von sich selbst hat. Glaubenssätze können antreibend oder einschränkend wirken; die antreibenden Glaubenssätze wie z. B.: „Ich muss mich anstrengen, ich muss das perfekt machen, ich darf keine Fehler machen, ich muss das schaffen", sind eine wesentliche Stütze unserer Leistungsgesellschaft, auf Kosten der individuellen Freiheit und Gesundheit. Beispiele für einschränkende Glaubenssätze sind: „Ich bin nicht gut genug, ich kann das nicht, ich habe es nicht verdient, das klappt doch sowieso nicht" usw. Bereits ein einzelner dieser Glaubenssätze ist imstande, mehrere Fähigkeiten außer Kraft zu setzen.

Dazu möchte ich ein paar Beispiele geben:

- Der Glaubenssatz „Es hat ja sowieso keinen Sinn" taucht allzu oft in Momenten auf, in denen man beginnen sollte, sich zu bemühen und anzustrengen, und hat dann häufig zur Folge, dass man seine Bemühungen einstellt und gar nichts tut – auch wenn man die erforderlichen Fähigkeiten dazu eigentlich besitzt.
- Man hat fleißig Englisch gelernt, so dass man sich in der Volkshochschule schon passabel unterhalten kann. Nun ist man in London gelandet und will seine Kenntnisse anwenden. Da taucht der Glaubenssatz auf „Mir hört sowieso nie jemand zu" – und man bekommt den Mund nicht auf: Die Fähigkeit, Englisch zu sprechen, bleibt ungenutzt!
- Man hat sich sorgfältig auf eine Prüfung vorbereitet und weiß in entspannter Atmosphäre sachkundig über das Thema zu erzählen. Wenn kurz vor der Prüfung der Glaubenssatz „Ich muss perfekt sein" auftaucht, wird man wahrscheinlich übernervös oder gar angsterfüllt, in der Prüfung erlebt man einen Blackout – Fähigkeiten und Wissen sind schachmatt gesetzt.

„Auftauchen" heißt, dass einem dieser Satz durch den Kopf geht, während man gleichzeitig ein unangenehmes Gefühl erlebt. Und es ist dieses Gefühl, welches das Verhalten steuert oder verhindert, nicht der gedachte Satz.

Auf der Ebene der Glaubenssätze können wir auch die Meme verorten, die Susan Blackmore in ihrem Buch beschreibt.[14] Das Konzept der Meme geht auf Richard Dawkins zurück, der sie in seinem Buch *Das egoistische Gen* einführt.[15] Meme wirken wie Glaubenssätze: Sie steuern bzw. dominieren unsere Fähigkeiten. Am erfolgreichsten sind heutzutage diejenigen Meme, die das Denken an die erste Stelle setzen, vor den Körper und die Gefühle, und dabei den Willen in der Gewissheit lassen, er sei frei.

Man denkt vielleicht: „Ich muss alles gut können, ich muss das beherrschen, dann bin ich selbstbestimmt, dann kann ich tun was ich will, und das macht mich glücklich und zufrieden."

Im schlimmsten Fall wirken zwei sich widersprechende Glaubenssätze gleichzeitig, wie „Ich kann das nicht" und „Ich muss das alleine schaffen", was immer zu inneren Konflikten führt. Nicht lösbare innere Konflikte führen im Allgemeinen zu Neurosen oder zu psychosomatischen Symptomen.

Zunächst zu den Neurosen:

In einem Pawlow'schen Experiment hatten Schäferhunde die Aufgabe, zwischen Kreis und Ellipse zu unterscheiden, also das jeweils präsentierte Bild zu erkennen und mit einer klaren Reaktion zu beantworten; das fällt Hunden sehr leicht. Dann wurde die präsentierte Ellipse mehr und mehr einem Kreis angenähert. Ab einem bestimmten Achsenverhältnis (etwa bei 9:10) können Hunde nicht mehr unterscheiden, ob es sich um eine Ellipse oder einen Kreis handelt. Also wussten sie nicht, welche Reaktion jetzt die „richtige" war; alle Hunde reagierten verstört und zeigten die unterschiedlichsten Symptome: Etliche von ihnen reagierten mit Apathie, einer biss den Versuchsleiter, einem anderen fielen die Haare aus, usw. Die Deutung der Versuchsleiter war: Wenn die Unterscheidung des Hundes zusammenbricht, entwickelt er eine Experimentalneurose.

Das Modell der logischen Typisierung brachte Gregory Bateson zu einer anderen Interpretation: Danach bestimmt der Kontext die Bedeutung des Verhaltens. Der Hund hat nicht nur gelernt, Kreis und Ellipse zu unterscheiden, sondern vor allem, dass es ein „richtiges" und ein „falsches" Verhalten gibt, dass es sich hier also um einen Kontext der Unterscheidung und Bewertung handelt, und dass von ihm erwartet wird, immer „richtig" zu reagieren. Darin besteht die „Aufgabe", die der Experimentator stellt, und da für den Hund der Experimentator das Alphatier ist, tut der Hund gut daran, sich angepasst zu verhalten und genau das zu tun, was von ihm erwartet wird; diese Bereitschaft zur Mitarbeit wird vom Zwischenhirn gesteuert.

Der Versuchshund benimmt sich so, als würde er den Glaubenssätzen folgen:

> *Ich muss unterscheiden (Fähigkeit) und dann richtig reagieren (Verhalten). Dann wird mein Verhalten bewertet. Und ich werde mich so verhalten, dass das Alphatier mit mir zufrieden ist.*

Das Nervensystem eines Hundes ist nicht in der Lage, diesen Glaubenssatz in Zweifel zu ziehen oder gar außer Kraft zu setzen, indem er z. B. entscheidet oder erkennt:

> *Das ist hier ein Kontext des Ratens, also rate ich einfach die Antwort!*

Oder: *Das hier ist ein Kontext des Spiels! Schön, ich spiele mit!*
Oder: *Ich spiele nicht mehr mit.*

Also blieben die Hunde auf der Ebene „Glaubenssätze" und reagierten demzufolge mit einer Störung des Autonomen Nervensystems. Die Identität wurde nicht tangiert, sie blieben ihrem Wesen nach immer noch Hunde. Versuchshunde sind (bzw. waren früher) meistens männlich; würde eine läufige Hündin im Labor auftauchen oder ein männlicher Rivale, dann wäre der Versuchsleiter nicht mehr das Alphatier, und die Ellipsen wären dem Versuchshund ziemlich egal: Seine Aufmerksamkeit wäre woanders. Das Zwischenhirn, das die Beziehung reguliert, dominiert über das Großhirn, das die Fähigkeiten reguliert. Das Zwischenhirn fordert: Reagiere so, wie es das Alphatier von dir verlangt.

Wir Menschen haben einen deutlich größeren Neocortex als Hunde. In friedlichen, ruhigen Momenten ist das Bewusstsein als die differenzierteste Hirnfunktion dominant und handlungsleitend. Und es bildet sich gern ein, immer das wichtigste Element zu sein. Aber nicht selten, und besonders wenn es um Beziehung und Rangordnung geht, wird es dominiert (vielleicht aufgekratzt, verwirrt, gelähmt oder gar ausgeschaltet) vom Zwischenhirn. Nervosität wird vom Zwischenhirn ausgelöst und beeinträchtigt das Denken nicht unerheblich. Nur wenn es ums nackte Überleben geht, verliert auch das Zwischenhirn seine Dominanz, in diesem Fall an das Stammhirn.

Den Experimentatoren war das Modell der Neurologischen Ebenen nicht bekannt; sie hielten sich an die Oberflächenstruktur, also an das was sie unmittelbar beobachten konnten. In ihre Deutungen flossen nur Verhalten und Fähigkeiten der Hunde mit ein, den Kontext betrachteten sie als vernachlässigbar.

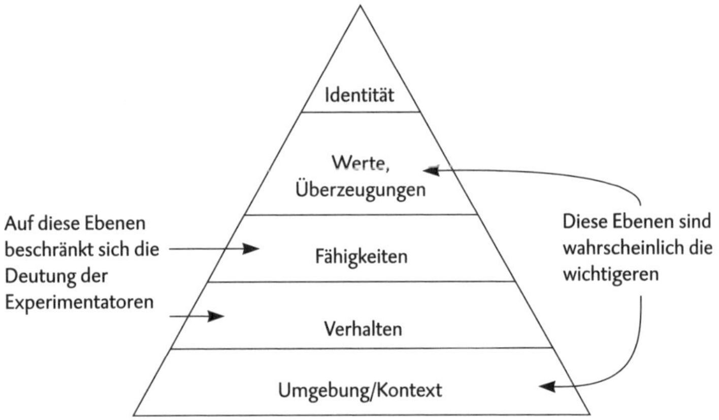


Abb. 7: Logische Ebenen, Hunde-Experiment

Gregory Bateson schreibt dazu:

> Organisationsweisen einfacher Handlungen, die wir je nach Beschreibung des Verhaltens als „Raten“, „Unterscheidung“, „Spiel“, „Erkundung“, „Abhängigkeit“, „Verbrechen“ oder ähnliches bezeichnen, gehören verschiedenen logischen Typen an und gehorchen nicht den einfachen Regeln der Verstärkung.[16]

Für uns gilt heute Ähnliches wie damals für die Verhaltensforscher: Wir interpretieren alle Beobachtungen fast ausschließlich auf den Ebenen Verhalten und Fähigkeiten, bisweilen auch noch auf der Ebene Umgebung/Kontext; die entscheidenden Dinge spielen sich aber auf der Ebene der Glaubenssätze, Überzeugungen und Werte ab. Die meisten Probleme, mit denen Klienten in meine Praxis kommen, sind in Glaubenssätzen begründet, nicht in einem Mangel an Fähigkeiten, was viele zunächst glauben.

## Identität

Die Versuchsbedingungen, auf die wir Menschen „richtig" zu reagieren versuchen, sind noch um einiges komplizierter, da wir ein Bewusstsein haben, Sprache und Differenzierungsfähigkeit; und sie beziehen höhere logische Ebenen mit ein, vor allem die Überzeugungen und Werte, die durch die jeweilige Kultur geprägt sind und maßgeblichen Einfluss auf unser Autonomes Nervensystem haben. Aber auch die Ebene der Identität ist betroffen, wenn z. B. Menschen unterschiedlicher Nation in derselben Stadt wohnen oder im selben Haus; man verwendet oft viel Zeit und Energie darauf, sich voneinander abzugrenzen. Also sind auch unsere Neurosen vielfältiger und manifestieren sich durchaus auch in höheren neurologischen Ebenen, nicht nur als psychosomatische Symptome im Individuum.

Einige Forscher sprechen heute von „multiplen Identitäten"; in der Neurolinguistik sprechen wir lieber von „inneren Anteilen" oder von „Rollen", die man spielt. Es ist heute ein weit verbreiteter Fehler, aus einem Verhalten (z. B. aus „demonstrieren") gleich eine Identität zu machen (z. B. „Chaot" oder „Krawallmacher") – ein Zeichen dafür, dass man das Modell der Neurologischen Ebenen nicht kennt. Wenn ein unangemessenes Verhalten immer wieder auftaucht und man es nicht durch Vernunft und Verstand regeln oder einstellen kann („Ich kann doch nichts dagegen tun! Es kommt so über mich"), dann glaubt man gern, es wäre genetisch bedingt, angeboren, und legt es auf der Ebene „Identität" ab; es werden Aussagen gemacht wie: „Du bist ein Phlegmatiker/Dummkopf/Unruhestifter" etc.

Derartige Verhaltensweisen werden unbewusst gesteuert,

aber nicht auf der Ebene „Identität“, sondern vor allem auf der Ebene „Glaubenssätze“ bzw. „Meme“. Sie entziehen sich allzu oft dem Zugriff des Bewusstseins und Verstandes, sind also nur bedingt von der Ebene „Fähigkeiten“ aus zu steuern. Der Zeitgeist fokussiert sich heute fast ausschließlich auf die Ebenen „Verhalten“ und vor allem „Fähigkeiten“ und vernachlässigt die Werte. Der Begriff und die Wirksamkeit von Glaubenssätzen und Memen werden unterschätzt bzw. sind unbekannt.

Wie können wir derartige Glaubenssätze verändern? Durch logisches Nachdenken eher nicht! Wir müssen eine Ebene höher ansetzen, auf der Ebene „Identität“; ich komme später darauf zurück. Im Modell der Neurologischen Ebenen liegt die Identität zwei Ebenen über dem Bewusstsein; der Identität entsprechende biologische Funktionen sind das Immunsystem und das Hormonsystem.

Halluzinogene Drogen wirken auf das Endokrine System, also unter anderem auf Neurotransmitter und Synapsen ein, so dass nicht nur eine Veränderung des Bewusstseins stattfindet, sondern auch Glaubenssätze außer Kraft gesetzt werden („Ich glaube, ich könnte sogar fliegen!“), und auch das Erleben der Identität verändert, zeitweise suspendiert wird. Im Vollrausch oder unter dem Einfluss von Haschisch, Ecstasy oder Heroin wird uns schnell klar, wie niedrig der Rang des Denkens und Bewusstseins im „System Mensch“ tatsächlich ist; es ist das Erste, was auf der Strecke bleibt: Wir können durch unser Denken nicht bewirken, dass wir wieder nüchtern werden. Herzschlag und Atmung funktionieren weiterhin, auch ohne bewusste Steuerung, während gleichzeitig Niere und Leber die Ebene der „Identität“ verteidigen, indem sie die halluzinogenen Giftstoffe, die weit mehr verändern als das Bewusstsein, wieder aus dem Blut hinausfiltern.

Zurück zu den Glaubenssätzen: Wie entstehen sie, und wie kann man sie verändern, wenn man sie erkannt hat? Die erste Frage ist einfacher zu beantworten: Glaubenssätze sind Generalisierungen über Ursachen, Bedeutungen oder Grenzen bezüglich unserer Umgebung, unserer Fähigkeiten oder unserer Identität. Diese Generalisierungen entwickeln wir aus den Erfahrungen, die wir machen, oder aus Zuschreibungen, also

z. B. aus elterlichen Aussagen. Glaubenssätze setzen sich in uns fest, wenn wir beginnen, in unserem Denken das „du“ durch ein „ich“ zu ersetzen:

| Aus der | Elterlichen Botschaft: | wird eine | Eigene Überzeugung: |
|---|---|---|---|
| | Du kannst das nicht. | | Ich kann das nicht. |
| | Trödel nicht so herum. | | Ich darf keine Zeit verlieren. |
| | Das ist doch ganz einfach. | | Ich muss das schaffen. |
| | Du musst jetzt was tun. | | Ich darf nie untätig sein. |

Derartige Glaubenssätze werden auch als *innere Antreiber* bezeichnet. Gerade wenn es um Arbeit, Leistung und Zeiteinteilung geht, taucht der eine oder andere Antreiber aus dieser Gruppe immer wieder spontan auf, vor allem in kritischen, angespannten Situationen und wird uns im Sprachzentrum als Gedanke bewusst, als kurzer Satz; es ist aber kein Produkt des Denkens, er entsteht nicht im Bewusstsein und meist nicht nur als Reaktion auf die aktuelle Situation, sondern vor allem auf vergangene Erfahrungen. Auftauchende Gedanken sind dabei eher ein Kommentar des Gesamtzustandes als dessen Auslöser.

Gleichzeitig reagiert unser Autonomes Nervensystem im Allgemeinen mit einer Stressreaktion. Das unangenehme Gefühl sucht man zu verändern durch Bewältigung der vermeintlichen Ursache, z. B. durch erhöhte Anstrengung, um das Übermaß an Aufgaben zu bewältigen. Im Stress werden tiefere Gehirnareale wie das Stammhirn oder das Zwischenhirn aktiviert, und der Neocortex sucht nach einer Lösung – weil er glaubt, der Gesamtzustand wäre eine Folge des Denkens; dabei ist es eher umgekehrt.

Die meisten Menschen überschätzen die Unabhängigkeit und Freiheit ihres Willens. Wenn sie unter Druck geraten, unter Zeitdruck oder Leistungsdruck, wenn sie Anforderungen oder Erwartungen spüren, die sie erfüllen möchten, neigen viele Menschen dazu, ihre Aufmerksamkeit herzugeben, sie von sich selbst weg auf andere Dinge zu fokussieren und sich selbst nicht mehr zu spüren. Das Ergebnis dieser Aufmerksamkeitsverschiebung ist eine Art innerer Spaltung, die in drei Formen auftreten und unterschiedliche Intensitäten haben kann: von sinnvoll und angemessen über harmlos, anstrengend, neurotisch bis pathologisch. Die gemeinsame Grundstruktur aller innerer Spaltungen ist folgende: Man verspannt den Körper, hält den Atem an und denkt angestrengt und beschleunigt. Vom Zustand des Flows[17], eines erfüllten Tätigseins, bei dem man in Verbindung mit sich selbst steht, gerät man in den Zustand des Getriebenseins und fühlt sich ausgeliefert.

Baudelaire schreibt dazu:

> Ja! Die Zeit herrscht; mit roher Gewalt diktiert sie wieder ihr Gesetz. Als wäre ich ein Ochse, treibt sie mich mit ihrem Doppelstachel. – „He, vorwärts! Alter Narr! Schwitze nur, Sklave! Lebe, Verdammter!"

An welche Instanz können wir uns wenden mit der Frage: „Was soll ich jetzt tun? Wie mache ich das jetzt am besten?" An *wen* stellen wir diese Frage? Was braucht man, um nicht durchzudrehen? Was ist beständig? Worauf kann man sich verlassen? Für Stephen Covey ist es klar: die ewigen Prinzipien! Für ihn sind es genau sieben, und er zählt sie auf:

- Fairness – Integrität – Ehrlichkeit – Respekt vor der Menschenwürde – Dienen – Qualität und Spitzenleistungen – Potenzialität und Wachstum

Diese Prinzipien liegen auf der Ebene der Identität, womit Covey auf dem richtigen Weg ist. Doch auch seine Sprache ist die eines Soldaten! Gibt es einen fairen Krieg? Mit militärischen Mitteln können wir unseren Wunsch nach Beständigkeit, Frieden und kontinuierlicher Entwicklung wohl nicht erfüllen.

Nun war es ausgerechnet ein Soldat, der uns eine gut anwendbare Methode für den Ausstieg aus dem ständigen Krieg im Alltag vorgeführt und nahegebracht hat. Sie trägt heute seinen Namen und wird im folgenden Abschnitt beschrieben.

### Das Eisenhower-Prinzip

General Eisenhower untersuchte alles, was an ihn herangetragen wurde, nach zwei Kriterien:
Es war zum einen entweder wichtig oder unwichtig, und es war zum anderen entweder dringend oder nicht dringend.

Demzufolge ordnete er alles in vier Kategorien ein, die Covey in einer Zeitmanagement-Matrix mit 4 Quadranten darstellt[18]:

Abb. 8: Eisenhower-Grafik

Oben: pro-aktives Handeln, Eigeninitiative und Selbstverantwortung
Unten: reaktives Handeln, Verantwortung abgeben
Links: schnelles Handeln unter Druck, Erwartungen von anderen erfüllen
Rechts: Handeln aus Eigeninitiative, intrinsische Motivation

Viele Menschen, besonders unter denen, die Zeitmanagement-Kurse besuchen, befinden sich meist in Quadrant 1, sind ständig im Stress. Es fallen Begriffe wie Workaholic, Stressaholic, Timeaholic. Wenn sie dann ausgelaugt sind, flüchten sie in Tätigkeiten des Quadranten 4. Die meisten Menschen vernachlässigen die Tätigkeiten aus Quadrant 2! Da sie nicht dringend sind, werden sie immer wieder aufgeschoben. Je erfolgreicher ein Mensch ist, erfolgreich im Sinne von erfüllt und zufrieden, desto mehr seiner Zeit verbringt er mit Tätigkeiten aus dem Quadranten 2, und umgekehrt: Je mehr Zeit er dort verbringt, desto erfüllter erlebt er sein Leben. Viele befinden sich in Quadrant 3 und glauben, sie wären in Quadrant 1: Sie überschätzen die Wichtigkeit ihres Tuns. Entscheidend für die Lebensqualität und das persönliche Glück ist, wie viel Zeit man mit Tätigkeiten in welchem Quadranten verbringt, und nicht, wo man welche Tätigkeiten willkürlich einsortiert.

| **Folgen der Handlungen …** | |
|---|---|
| **… bei Tätigkeiten überwiegend in Quadrant 1** | **… überwiegend in Quadrant 2** |
| Ständiger Stress und Zeitdruck | Vision, Perspektive |
| Ständiges Krisenmanagement | Erfüllung, Glück |
| Ausgebrannt sein | Disziplin, Kontrolle, Ausgewogenheit |
| Psychosomatische Symptome | Wenig Krisen |
| **… bei Tätigkeiten überwiegend in Quadrant 3** | **… überwiegend in Quadrant 4** |
| Kurzfristige Orientierung | Völlige Belanglosigkeit |
| Verlust der Eigeninitiative | Wird gekündigt |
| Chamäleon-Charakter, Anpasserei | Abhängig von anderen Menschen / Abhängig von Institutionen |
| Flache oder zerbrochene Beziehungen | Langeweile, innere Leere |

Covey spricht an dieser Stelle von der Dringlichkeitssucht. Die Zielgruppe der Zeitmanagement-Kurse sind überwiegend Manager, die glauben, sie hätten zu viel Stress. Die allgemeine Empfehlung für diese Menschen lautet: Gehe von 1 nach 2, delegiere deine Arbeiten. Deswegen wendet sich sein Buch hauptsächlich an Leute, die glauben, sie wären in Quadrant 1.

Einig sind sich praktisch alle „Zeitmanager“ darin, dass die entscheidende Frage folgende ist:

**Wie kann man dafür sorgen, die meiste Zeit in Quadrant 2 zu sein?** Dem schließe ich mich an: Das ist die Frage, auf die eine gute Antwort zu finden sich lohnt!

So weit zu Covey und dem Zeitmanagement.

Um einen Schritt weiter zu gehen: Es überrascht uns nicht mehr, die drei Rollen aus dem Spiel **Retter – Verfolger – Op-**

**fer** jeweils in einem der 4 Quadranten aus der Zeitmanagement-Matrix wiederzufinden. Vor allem bei Quadrant 1 gilt: Wenn die Resultate nicht zufriedenstellend sind – und unsere Ratio ist nie zufrieden! –, wird das Arbeitstempo erhöht. Hier ist der Verfolger, der Perfektionist aktiv. Verfolger setzen gerne sich und andere unter Druck. Menschen aus Quadrant 3 gehen nicht freiwillig zu Zeitmanagement-Kursen; wenn überhaupt, dann werden sie geschickt. Sie sind überzeugt: An mir liegt's doch nicht! Da ihre Arbeit eher fremdbestimmt ist, profitieren sie auch nicht wesentlich von verbessertem Zeitmanagement.

Das gilt erst recht für Personen aus Quadrant 4: Ihnen mangelt es an Eigeninitiative, sie sind auf fremde Unterstützung angewiesen. Wer seinen Tag mit Ablenkung und Belanglosigkeiten verbringt, findet sich meist in der Rolle des Opfers wieder. Wer sich in dieser Rolle eingerichtet hat, muss aber wissen: **Vermeidung braucht Retter!** (siehe S. 49).

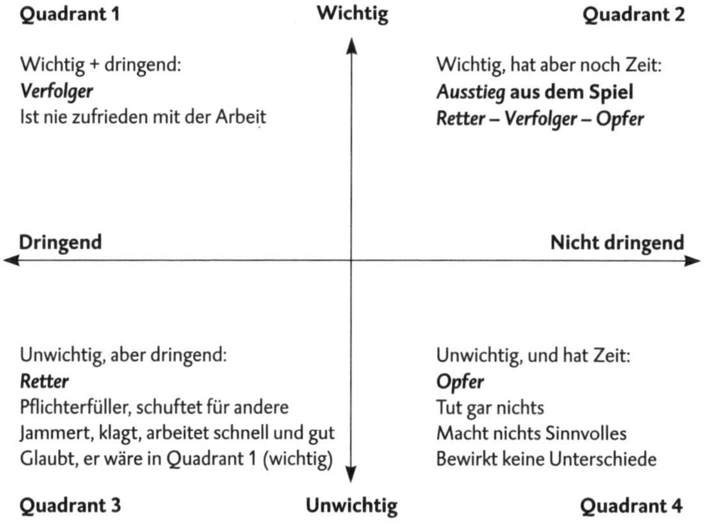


Abb. 9: Eisenhower-Grafik, X-Y-Achse, kombiniert mit Retter – Verfolger – Opfer

Die Grafik verdeutlicht, dass eine Möglichkeit des Ausstiegs aus diesem Spiel darin besteht, konsequent aus Quadrant 2 heraus zu handeln.

## Chronos: Die Zeit vergeht

Bei dem Gedanken *Zeit ist knapp* handelt es sich um ein Mem, das heißt: Er reproduziert sich selber und ist ansteckend. Dahinter steckt die Angst, man könnte etwas verpassen.

Unsere Vorstellung von der Zeit als Chronos, einer Zeit, die unwiederbringlich verrinnt und die wir versinnbildlichen in der Metapher vom Fluss, vom Fluss ohne Wiederkehr – diese Vorstellung bewirkt, dass wir nichts so sehr fürchten wie Langeweile und Leerlauf. Was passiert, wenn der Fluss der Zeit leerläuft? Nicht auszudenken! Ähnlich, wie wir mit unserer Zeit umgehen, so behandeln wir auch unsere Flüsse: Wir tun so, als wären es unsere, und genau so verfügen wir über sie: Durch Kanalisierung, Linearisierung und Eindeichung schaffen wir eine Regulierung, Beschleunigung, aber auch Überschwemmungskatastrophen.

Wenn der Fluss unsere Metapher für die Zeit ist, dann ist natürlich Leerlauf das Schlimmste, was uns widerfahren kann! Sogar im Urlaub: Warum eigentlich können viele Menschen unverplante Zeit so schwer genießen? Warum machen sie auch im Urlaub genaue Tagespläne? Was sich vor Langeweile fürchtet, ist die Ratio – die Spaltung, nicht die Vernunft! Oder sie fliehen, um sich vom Stress aus Quadrant 1 zu erholen, in belanglose Tätigkeiten des Quadranten 4, weder wichtig noch dringend, meist noch nicht einmal erholsam für Körper und Geist: stundenlanges Fernsehen, Computerspiele, eine Art Ausstieg oder auch abschalten genannt. Abschalten ist heutzutage das oberste Ziel vieler stressgeplagter Menschen!

Es stellt sich die Frage: Was wird da eigentlich abgeschaltet? Sind wir so etwas wie Lichtschalter oder Glühbirnen? Mit zwei digitalen Zuständen, entweder eingeschaltet oder ausgeschaltet? Abgeschaltet? Gleichgeschaltet? Der Begriff ausspannen beschreibt deutlich besser, was gemeint ist, als der Begriff abschalten. Atomkraftwerke sollte man rechtzeitig abschalten, damit es nicht zum GAU kommt. Aber Menschen abschalten? Wie soll das gehen, und: Wollt ihr das wirklich?

Ist es nicht an der Zeit, etwas anzuschalten? Aber was eigentlich, und: wie? Was da „abgeschaltet" wurde und wie, beschreibe ich im folgenden Kapitel.

# Entwicklungsprozesse, Ich-Zustände, Interaktionen

Viele Menschen fühlen sich so eingespannt, von der Umgebung gefordert und in die Pflicht genommen, in dem Glauben, ständig verfügbar sein zu müssen, dass sie die Verbindung zu sich selbst verloren haben. *Ich muss mal abschalten* heißt nicht: Ich muss *mich* mal abschalten, sondern eher: Ich muss *euch* mal abschalten, um wieder zu mir zu kommen. Die Anforderungen und den Zeitdruck abschalten, um wieder Zeit für sich selbst zu haben! Den äußeren Prozess abschalten, damit man sich wieder dem inneren Prozess widmen kann. Auf diese Prozesse möchte ich in diesem Kapitel näher eingehen. Außerdem werden wir uns menschliche Reifungsprozesse näher anschauen und schließlich zwei fundamental unterschiedliche Arten von Beziehungsgestaltung – bevor wir uns dann auf die Suche nach einer Lösung machen können, den Kontakt zur inneren Mitte wieder herzustellen (siehe folgendes Kapitel).

## Innerer Prozess/Äußerer Prozess

Gregory Bateson, ein Anthropologe und Evolutionsforscher des 20. Jahrhunderts, hat beschrieben, dass wir bei allen Lebewesen zwei Arten von Lebensprozessen unterscheiden müssen: den inneren Prozess und den äußeren Prozess.[1]

Im inneren Prozess geht es um Wachstum, Entwicklung und Reifung; der innere Prozess steuert ein festes Ziel an: das überlebensfähige erwachsene Individuum, das angemessen auf seine Umgebung reagieren kann.[2]

Der äußere Prozess besteht in eben dieser Anpassung des Individuums an die Erfordernisse der Umgebung, z. B. an die Temperatur oder eine Steigerung seiner Leistung bei erhöhter Anforderung; im Extremfall erlebt man Stress. Der Äußere Prozess muss reversibel sein, zum Beispiel muss sich ein erhöhter Pulsschlag bei körperlicher Anstrengung von selbst wieder beruhigen; nach Erledigung der Aufgaben lässt der Stress nach – der innere Prozess ist dagegen nicht reversibel.

Beide Prozesse laufen gleichzeitig ab; je jünger das Individuum, desto mehr überwiegt der innere Prozess. Ein Säugling z. B. ist praktisch zu 100 % im inneren Prozess. Dieser innere Prozess läuft kontinuierlich ab, Schritt für Schritt, in einer festen Reihenfolge mit einer gleich bleibenden Orientierung. Die Körpergröße, die ein Mensch erreicht, wenn er ausgewachsen ist, ist ein weiteres Beispiel für den Zielpunkt eines inneren Prozesses.[3]

Graphisch lässt er sich so darstellen:

Abb. 10: Start → Ziel

Damit dieser **innere Prozess** ungestört ablaufen kann, braucht er zweierlei: erstens einen sicheren Rahmen, und zweitens die richtige Richtung. Es drohen auf diesem Weg immer wieder Abweichungen und Hindernisse. Das können wir uns etwa so vorstellen:

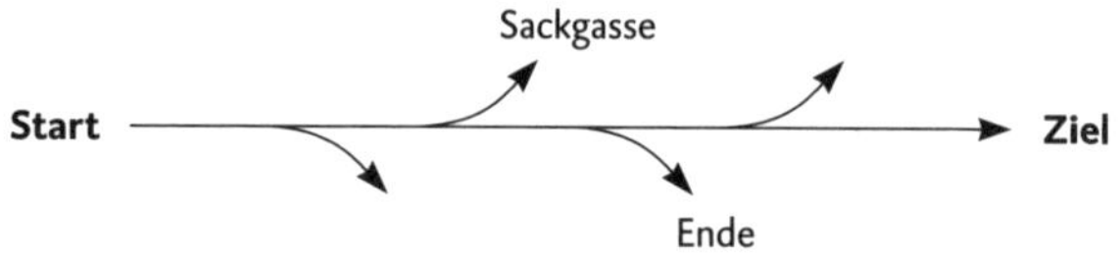


Abb. 11: Start → Ziel; Abweichung führt zum Ende

Und das bedeutet: Wenn man der Abweichung folgt, wird man das Ziel wohl nicht erreichen.

Es folgen einige Beispiele aus dem Tierreich:

Ein Vogelei kann sich nicht bewegen und nicht verstecken; der Embryo muss sich so lange im Ei entwickeln, bis er schlüpft. Auf diesem Wege kann er einem Nesträuber zum Opfer fallen, er kann erfrieren oder an einer Missbildung sterben: Vielleicht ist sein Herz zu klein, vielleicht kann er das Dotter nicht verdauen ... Praktisch jede noch so kleine Abweichung kann zum Tode führen.

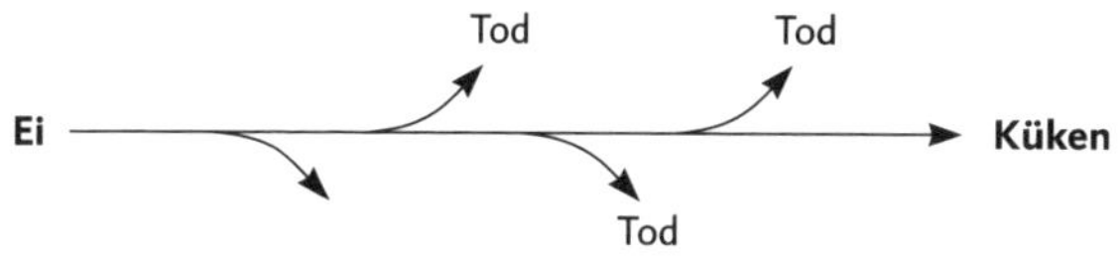


Abb. 12: Entwicklung: Ei → Küken; Abweichung führt zum Tod

Bei Säugetieren entwickelt sich der Fötus im Mutterleib, wodurch eine nahezu konstante Temperatur gewährleistet ist; dafür ist die Nahrungszufuhr etwas weniger kontinuierlich als im Vogelei. Auch auf diesem Wege der Entwicklung gibt es sehr wenige Freiheitsgrade: Ein vollzogener Entwicklungsschritt kann nicht mehr rückgängig gemacht oder korrigiert werden; das Prinzip von „Versuch und Irrtum“ ist nicht möglich, was bedeutet, dass Abweichungen vom natürlichen, vorgesehenen Verlauf meist tödlich sind. Menschliche Embryos haben schon deutlich mehr Freiheitsgrade als tierische: Eine Erkrankung der Mutter bedeutet nicht unbedingt seinen Tod; Menschen können auch mit unzureichend entwickelten Organen ein „normales“ Leben führen; auch Frühgeburten haben heute eine gute Überlebenschance.

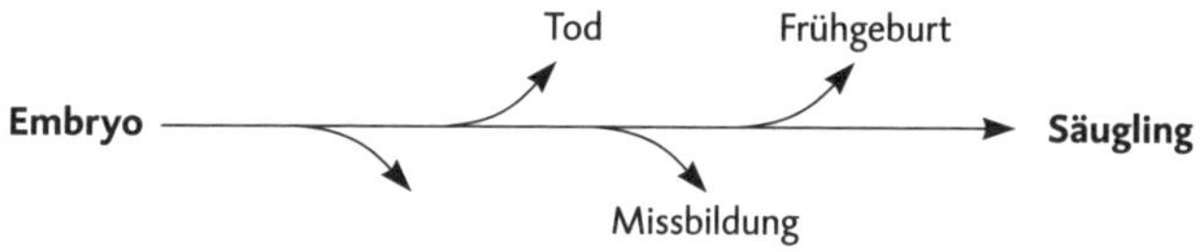


Abb. 13: Embryo → Säugling

Uns stellt sich die Frage: Wann endet der innere Prozess, wann beginnt der äußere? Bei der Geburt? Noch nicht! Auch nach der Geburt läuft der innere Prozess weiter: Ein Neugeborenes kann sich nicht gegen Angriffe verteidigen, es muss sich erst einmal entwickeln.

Diesen inneren Prozess nach der Geburt wollen wir jetzt genauer betrachten. Es ist die Aufgabe der Eltern, den inneren Prozess des Kindes vor Störungen zu schützen; wenn ihnen das nicht in ausreichendem Maße gelingt, wird die Entwicklung gestört – aber auch dann, wenn sie ständig „lenkend“ in diesen Prozess eingreifen, oder wenn sie versuchen, ihn schneller voranzutreiben.[4]

> Du kannst noch so oft an der Olive zupfen,
> sie wird davon nicht schneller reif.[5]

Die Entwicklung des Kindes besteht ja gerade darin, dass es lernt, mehr und mehr auf die Umgebung zu reagieren, zunächst reaktiv und später dann zunehmend eigenständig zu handeln. Die Reihenfolge der Entwicklungsschritte ist dabei von der Natur recht genau festgelegt; lediglich das Tempo variiert. Ziel dieser Entwicklung ist Reife, Autonomie und Selbstständigkeit. Je größer das Kind ist und je mehr es bereits gelernt hat, je weiter also seine Entwicklung fortgeschritten ist, desto mehr kann es am äußeren Prozess teilnehmen. Laufen lernen und sprechen lernen z. B. sind weitere bedeutende Schritte, die dem Kind eine aktive Teilnahme „an der Welt" ermöglichen, das heißt an dem Kontext, in dem es aufwächst. Ab einem bestimmten Zeitpunkt überwiegt dann der äußere Prozess den inneren Prozess; mindestens so lange tragen die Eltern die Verantwortung für ihr Kind. Deswegen wollen Eltern, dass der innere Prozess reibungslos und fehlerfrei abläuft und schnell der Punkt erreicht ist, an dem der äußere Prozess überwiegt: Das Kind ist dann „selbstständig". Der innere Prozess ist aber selbst dann noch nicht abgeschlossen! Er ist es im Grunde nie.

Für den inneren Prozess ist „Abwarten" gut und oft ausreichend: Die Zeit arbeitet für einen, ohne dass man etwas tun muss. Für Säuglinge ist es gut, viel zu schlafen; Wachstum und Entwicklung geschehen von selbst. Für den äußeren Prozess ist Abwarten eher schlecht: Hier muss man aktiv handeln, damit etwas passiert.

Der innere Prozess besteht aus zwei Komponenten: Auf der einen Seite wirken Faktoren, die zur Veränderung beitragen können, hier auf der linken Seite der Tabelle; demgegenüber wirken Faktoren, die im Verlauf der Entwicklung zur Stabilisierung beitragen, hier auf der rechten Seite aufgeführt. Zwischen beiden Seiten muss ein dynamisches Gleichgewicht bestehen.

| Innerer Prozess = Entwicklung | |
|---|---|
| **Veränderungskomponente:** | **Stabilisierende Komponente:** |
| Faktor Zufall | sicherer Rahmen, feste Regeln |
| Abweichungen | Kontinuum |
| Neuerungen | Beständigkeit, Tradition |
| Spontaneität | Gleichmäßigkeit, Langsamkeit |
| Kreativität | Kohärenz |
| Freiheitsgrade | Strenge, Disziplin |
| Eigensinn | Anpassung |

Wo zeigt sich der **Geist?** In der **Freiheit!** Wo zeigt sich die **Natur?** In der **Kohärenz**.
Kohärenz bedeutet, dass ein lebendiges System sich in einem stabilen Zustand befindet. Die Sicherstellung der Kohärenz wird von der Natur gewährleistet: Jeder vollzogene Entwicklungsschritt, jede Veränderung wird durch einen Kohärenztest auf Vereinbarkeit mit dem größeren System überprüft. Diese Prüfung ist sehr konservativ; im inneren Prozess überwiegen die stabilisierenden Komponenten.

Weitere Beispiele:

- Ein junger Löwe kann noch nicht selbst jagen, also muss er gefüttert werden. Er spielt fast den ganzen Tag, erkundet seine Umgebung und hat viele Freiheitsgrade. Die Natur sorgt für Kohärenz: Wenn er Hunger hat, kommt er zur Mutter und trinkt. Oder: Wenn er zu weit wegläuft und sie ihn nicht mehr beschützen kann, holt sie ihn zurück.
- Ein Kind in der Schule geht zunächst in die erste Klasse, dann in die zweite usw. Die Reihenfolge liegt fest; manche Kinder können eine Klasse überspringen, andere müssen eine wiederholen. Aber niemals wird die Reihenfolge vertauscht.

Auf dem Weg zum Schulabschluss ist das Kind vielen Ablenkungen ausgesetzt. Je weiter die Entwicklung fortgeschritten ist, desto häufiger können Abweichungen auftreten – und desto eher können sie wieder stabilisiert und ausgeglichen werden. Es ist aber auch ein Ausstieg aus dem inneren Prozess möglich, wenn das Kind z. B. denkt:

*Mein innerer Prozess ist abgeschlossen, jetzt kommt der äußere Prozess, ich reagiere auf das, was mir wichtig ist. Und was für mich wichtig ist, entscheide alleine* **ich!**

Oft kommt es durch ein Übermaß an Ablenkung zum frühzeitigen Ausstieg, mit der Folge, dass man die Ablenkung für das eigentliche Ziel hält – und das tatsächliche Ziel nicht mehr verfolgt, und dann auch nicht erreicht.

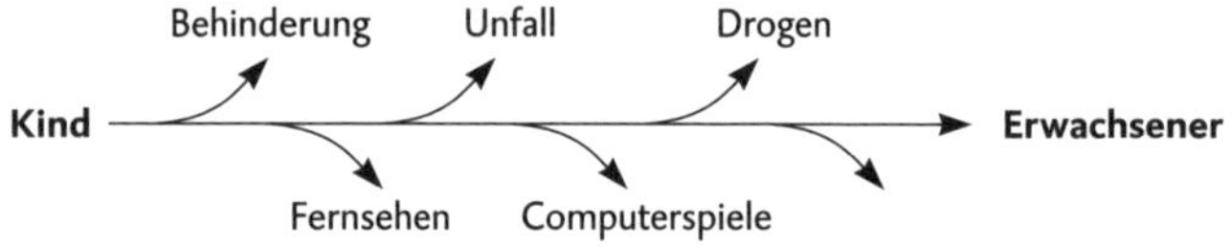


Abb. 14: Kind → Erwachsener

*Wessen Ziel?!* Könnte man hier fragen,
oder: *Wer definiert eigentlich das Ziel?*
Oder: *Was bedeutet eigentlich „erwachsen"?*

Eltern müssen auf Freiheitsgrade verzichten, um die Entwicklung der Kinder zu gewährleisten. Daraus leiten sie ab, dass sie es sind, die das Ziel vorgeben dürfen oder bestimmen sollten. Kinder müssen aber ebenfalls auf Freiheitsgrade verzichten! Daraus leiten sie ihrerseits ab, dass sie es sind, die entscheiden können, wann ihre Entwicklung abgeschlossen ist, wann sie also „erwachsen" sind.

In dem Film „Leon, der Profi" freunden sich Leon, ein Berufskiller, und Mathilda, ein 13-jähriges Mädchen aus der Nachbarschaft, an. Er kritisiert, dass sie raucht, obwohl sie noch nicht erwachsen ist. Dazu sagt Mathilda: „Ich bin schon längst erwachsen! Ich werde nur noch älter." Worauf Leon bekennt: „Bei mir ist es umgekehrt. Ich bin alt genug, aber ich muss noch erwachsen werden."

Es ist heute ein häufiges Problem, dass Kinder, die noch mitten im inneren (Entwicklungs-)Prozess sind, willkürlich entscheiden, dass dieser Prozess jetzt abgeschlossen sei: Sie verlassen die Schule, lernen nicht mehr, arbeiten nicht – und sind auf Versorgung angewiesen (siehe Beispiel S. 42/43). Darauf kommen wir später zurück: Unterschiedliche Anteile in einem Menschen können in ihrem Reifegrad erheblich voneinander abweichen; es kommt vor, dass einige wichtige Anteile einfach nicht erwachsen werden wollen.

Der **äußere Prozess** des erwachsenen Individuums besteht im Wesentlichen aus angemessenen Reaktionen auf die Anforderungen aus der Umgebung: Das Lebewesen muss in der Lage sein, ständig seine (Über-)Lebensfähigkeit zu beweisen.

Wir beginnen zunächst wieder mit der Betrachtung biologischer Faktoren. Der äußere Prozess ist – ebenso wie der innere – ein stochastischer Prozess[6], das heißt, er besteht ebenfalls aus zwei Komponenten: einer zufälligen und einer konservativen. Auf der linken Seite sind hier wiederum die Faktoren aufgeführt, die eine Veränderung anstreben: zufällige Abweichungen, Anforderungen von außen, die Launen der Natur; rechts befinden sich die Reaktionen des Individuums darauf, die das System wieder stabilisieren. Diese Reaktionen müssen einen Überlebenswert haben, das heißt: Wenn diese Anforderung ein weiteres Mal auftritt, sollte das Lebewesen durch Lernerfahrung und Übung besser gewappnet sein, ihr zu begegnen, als beim ersten Mal. Das heißt aber auch: Die Fähigkeit zur Adaptation muss (regelmäßig) geübt werden! Außerdem muss die adaptive Reaktion, wie bereits erwähnt, reversibel sein.

| **Äußerer Prozess = Leben** | |
|---|---|
| **Zufallskomponente** (Natur, Biologie): | **Somatische Anpassung:** |
| Sauerstoffgehalt fällt (Höhenluft) → | schneller atmen |
| Sonnenscheindauer steigt → | im Schatten sitzen, weniger bewegen |
| Temperatur sinkt → | mehr anziehen, mehr bewegen, zittern, mehr Öl oder Fett essen, Autogenes Training … (mehr zu heizen ist eine Reaktion ohne Adaptation) |
| Nahrungsverknappung → | mehr jagen, oder weniger bewegen, oder stattdessen Getreide essen (Kontinuum statt Zufall) |
| Nahrungsüberangebot → | Körperfett speichern |

| Zufallskomponente (Heutiger Alltag): | | Somatische Anpassung: |
|---|---|---|
| Bewegungsmangel, im Büro sitzen | → | Verkümmern der unbenutzten Muskeln (das ist reversibel, hat aber keinen Überlebenswert) |
| Übermaß an Information | → | Auswahl, Ablenkung, „Abschalten“ |
| Erwartungsdruck von außen | → | Anpassung, Flexibilität (hoch im Kurs!) |
| Konkurrenz am Arbeitsplatz | → | Ehrgeiz, Anspannung, Stress (Motto: „Herausforderungen annehmen“) |
| Umweltgifte, Elektrosmog, Feinstaub | → | somatische Anpassung nicht möglich |

Wenn ein erwachsener Mensch nicht adäquat auf die Erfordernisse der Umgebung reagieren kann, liegt das in der Regel daran, dass sein innerer Prozess nicht abgeschlossen ist. Ähnliches gilt, wenn er bei der Lösung von Problemen eher auf „Abwarten“ setzt als auf „Handeln“.

**Der Konflikt zwischen dem inneren und dem äußeren Prozess**
Heute wird der äußere Prozess sehr stark betont. Der innere Prozess hingegen wird zurückgedrängt und damit behindert. Heilung zum Beispiel gehört zum inneren Prozess; sie läuft von alleine ab, man muss sie nur ungestört lassen und seine Tätigkeiten einstellen, also sich dem äußeren Prozess entziehen; z. B. muss man sich nach einem Unfall schonen, bei Fieber sollte man im Bett bleiben. Heilung wird ebenso wie Wachstum von Zell-Zell-Kommunikation gesteuert: Wenn z. B. eine Schnittwunde durch Zellneubildung vernarbt, müssen die Zellen irgendwann die Botschaft bekommen: Genug, ihr könnt das Wachstum jetzt einstellen. Ein gebrochener Knochen wird gerichtet, das heißt zusammengefügt; dann wird er fixiert. Damit ist der äußere Prozess beendet, und sofort beginnt der innere Prozess: Es werden neue Knochenzellen gebildet, und die Bruchstücke wachsen wieder zusammen. Ziel dieses Zellwachstums ist die Wiederherstellung der natürlichen Funktion des Knochens (bzw. der Haut). Hier sind alle vier aristotelischen Ursachen beteiligt.

Im Bett bleiben? Sich schonen? „Dafür habe ich keine Zeit!“, ist die oft gehörte Klage von Menschen, die sich so stark in den äußeren Prozess eingebunden fühlen, dass sie glauben, es sich nicht leisten zu können, auf ihre körperlichen Bedürfnisse zu achten. Deswegen wird heute ständig versucht, den inneren Prozess „in den Griff zu bekommen“, das heißt, auch aus Heilung einen äußeren Prozess zu machen! Die kleinste Befindlichkeitsstörung wird durch sofortige Einnahme entsprechender Mittel bekämpft; zur Optimierung der Gesundheit werden diverse Vitaminpräparate vorsorglich konsumiert. Chronische Medikamenteneinnahme, Schönheitsoperationen, Genmanipulation: Kein biologischer Faktor mehr, den wir nicht unter Kontrolle hätten! Die eigentliche Frage ist: Wer kontrolliert hier eigentlich wen? Auch im Umgang mit dem eigenen Körper herrscht oft Krieg.

Bildung, im Sinne von humanistischer Bildung, gehört ebenfalls zum inneren Prozess; anders als Heilung geschieht sie allerdings nicht von allein. Zweck der Bildung ist die Entwicklung, Entfaltung und Reifung des Menschen. Ausbildung dagegen gehört zum äußeren Prozess: Zweck ist die Anpassung an die Erfordernisse des Berufs.

Schule, Lehre und Studium formen auch die Persönlichkeit; sie gehören damit mindestens genauso zum inneren Prozess wie zum äußeren. Im Moment wird wieder einmal versucht, den Schwerpunkt in Richtung Ausbildung zu verschieben und das heißt, nicht nur aus der universitären Bildung einen äußeren Prozess zu machen, immer schneller, mit erhöhtem Anpassungsdruck, sondern bereits aus der schulischen Bildung; die langfristigen Folgen werden unter anderem sein, dass Heranwachsende weniger ausreifen und dadurch leichter abhängig werden: von Erfolg, von anderen Menschen, von Zigaretten ...

Durch die einseitige Fokussierung der Aufmerksamkeit auf den äußeren Prozess wird der innere Prozess leicht unterbrochen. Wenn ein kleines Kind nicht genug Aufmerksamkeit allein für seine Anwesenheit, also seine Existenz bekommt (Ebene: Identität, Zugehörigkeit, siehe S. 55), dann wird es versuchen, sich durch „richtiges“ Verhalten Anerkennung zu verdienen; je nach Vorliebe der Eltern kann „richtig“ bedeuten: angepasst, still, brav, unauffällig sein; oder das Gegenteil: Leistung zeigen, perfekt sein, großartig sein.

Die Übertragung des olympischen Gedankens – schneller, höher, weiter – tut der Seele des Kindes weniger gut als dem Erfolgsstreben der Eltern. Wenn schon 4-jährige Kinder Nachhilfeunterricht bekommen, um die Aufnahmeprüfung an der Elite-Vorschule zu bestehen, weil sie nur so auf die „richtige" Grundschule kommen können, dann das Elite-Gymnasium, die Elite-Uni – wem nützt das etwas? Dem Ehrgeiz der Eltern, den die Kinder bald für ihren eigenen halten. Mit Sicherheit nützt es auch der Karriere. Was aber bleibt auf der Strecke? Der innere Prozess des Kindes! Indem kleine Kinder schon in der Grundschule auf diese unnatürliche, übertriebene Konkurrenz geeicht werden, kommt es zur Internalisierung von äußeren Konflikten (siehe S. 36/37) – oder zum frühzeitigen Ausstieg, wenn sie durch ständige Frustration entmutigt werden. So sagt der Neurologe Professor Michael von Aster, der in einem erfolgreichen Modellprojekt in Berlin psychisch auffällige Schulkinder betreut: „Eine Schule, in der Konkurrenz herrscht, produziert eben Verlierer."[7]

Und wie reagiert die Politik, also z. B. die Schulverwaltung, auf dieses Problem? Sie fokussiert noch stärker den äußeren Prozess! Und setzt „Reformen" um: Kinder sollen zwei Jahre länger zusammen lernen, Englischunterricht schon im Kindergarten bekommen[8], ein Jahr früher Abitur machen, Ganztagsschulen besuchen, weitere Unterrichtsfächer werden entwickelt und in den Lehrplan eingebaut – das ist aber nicht das Problem! Das heißt, hier werden wir auch keine Lösung finden.

Das eigentliche Problem ist, dass der innere Prozess unterbrochen wurde. Kinder brauchen zuallererst ein gutes Umfeld, das heißt Sicherheit, Beständigkeit, einen kindgerechten Kontext, keine frühe Anpassung an die Welt des Erwachsenseins. Wir machen hier den gleichen Fehler wie die Experimentatoren bei dem erwähnten Versuch mit den Hunden (siehe S. 62, Abb. 7): Es handelt sich höchstwahrscheinlich um ein Problem auf der Ebene der Glaubenssätze und des Kontextes, während wir alle auf die Ebenen des Verhaltens und der Fähigkeiten fixiert sind.

Das wichtigste Kriterium der Schulbehörde scheint zu sein,

wie der Informationstransfer effizient und reibungslos ablaufen kann, ähnlich wie ein „Download". Dabei sind Entwicklungsstörungen häufiger die Ursache für Schulversagen als Anpassungsstörungen; Lernschwierigkeiten sind nicht das eigentliche Problem, sondern eher ein Symptom. Die Maßnahmen zur Veränderung dieses Symptoms, die jetzt ergriffen werden, zählen aber mehr zum äußeren Prozess, als dass sie dem inneren Prozess nützen. Deswegen helfen sie so wenig. Nicht wenige Kinder haben das Gefühl, an ihrer Schule sei Krieg.

Der innere Prozess mit seinem Kohärenztest verlangsamt den Entwicklungsprozess, während der äußere Prozess, die Anpassung an die Umgebung ihn beschleunigt. Was passiert gerade an der Universität mit den neuen Bachelor-Studiengängen? Wird der Prozess verlangsamt oder beschleunigt? Und: Ist das gut für die Kohärenz? Und wenn ja, für welche?

Sowohl die Veränderungskomponente, als auch die bewahrende Komponente haben nicht nur ihre positiven Seiten, sondern natürlich auch Schattenseiten, die vor allem dann zum Tragen kommen, wenn das Gleichgewicht gestört ist und eine Seite die Oberhand bekommt.

| Schattenseiten der Veränderungskomponente: | Schattenseiten der stabilisierenden Komponente: |
|---|---|
| Beliebigkeit | Einseitigkeit |
| Oberflächlichkeit | Unterdrückung |
| Orientierungslosigkeit | Engstirnigkeit, Sturheit |
| Hohes Tempo | Erstarrung |
| Sprunghaftigkeit | Zwanghaftigkeit |
| Haltlosigkeit | Verbissenheit |
| Kurzlebigkeit | Rückständigkeit, Veralten |

Dann kann laut Bateson in einem System wie z. B. einer Universität[9] Folgendes passieren:

- Ungeprüfte Neuerungen werden irreversibel in das fortlaufende System integriert.

- Notwendige Veränderungen werden vom harten Kern konservativer Individuen verhindert.

In seinem Buch *Geist und Natur* mahnt er uns im letzten Kapitel, das den Titel *Die Zeit ist aus den Fugen* trägt:

- Weder durchgängiger Konservatismus noch durchgängiger Eifer kann für Veränderungen angemessen sein.
- Die Konfrontation der beiden Pole ist immer noch besser als einer der beiden Pole für sich.
- Wir brauchen eine angemessene Gleichzeitigkeit, eine Balance zwischen Strenge und Phantasie: Strenge allein ist lähmender Tod, und Phantasie allein ist Geisteskrankheit.

## Exkurs: Die Transaktionsanalyse (TA)

Die Transaktionsanalyse ist nicht nur eine Form der Psychotherapie, sondern in erster Linie ein Modell zum Verständnis menschlicher Kommunikation und zur Beschreibung menschlicher Entwicklungsprozesse; diesen Teil möchte ich kurz vorstellen, da er für unser Thema von Bedeutung ist.

Die TA eignet sich zur Beobachtung und Beschreibung der Transaktionen, die zwischen zwei Menschen oder in Gruppen stattfinden, auch und vor allem, wenn die Kommunikation eskaliert, z. B. im Streit. Die TA ist sinnesspezifisch konkret und beobachtet körpersprachliche Signale, anstatt primär auf Inhalt und gesprochenen Text zu fokussieren.

Ein zentraler Punkt in der TA ist die Annahme von drei separaten Ich-Zuständen eines Menschen: Wir haben einen Kindheits-Ich-Zustand, ein Erwachsenen-Ich und ein Eltern-Ich. Jeder Ich-Zustand hat bestimmte Aufgaben, die nur er ausfüllen kann.[10]

Probleme entstehen oft, wenn wir uns nicht in dem Ich-Zustand befinden, der für die jeweilige Situation angemessen ist. Wir können aber lernen, unsere Ich-Zustände so zu steuern, dass unsere Reaktionen angemessen sind und wir nicht von anderen Menschen in Zustände geschickt werden, die uns nicht guttun.

Ein hoher Wert ist in der Transaktionsanalyse die Autonomie des Individuums, was aber nicht bedeutet: selbstgenügsam sein, Einzelgänger sein, ausschließlich kopfgesteuert und „cool“, sondern: erwachsen sein, bewusst und fähig zu Intimität und Nähe. Nur ein autonomer, erwachsener Mensch ist in der Lage, eine glückliche Beziehung zu führen. Ziel der TA ist es, jedem Menschen dabei zu helfen, seine Autonomie zu erreichen bzw. zu stabilisieren.

Im Modell der TA besteht eine sinnvolle Veränderung (bzw. Heilung) nicht darin, das Verhalten des Patienten an die Erwartungen der Umgebung anzupassen und Symptome zu bekämpfen oder zum Verschwinden zu bringen, sondern emotionale und mentale Autonomie zu erreichen. Das gilt für die Behandlung und Heilung verbreiteter Probleme wie Schlafstörungen, Ängste, psychosomatischer Symptome, Mutlosigkeit, Motivationsprobleme, Stresssymptomatik etc.

Damit reiht sich die Transaktionsanalyse in die Reihe der humanistischen Verfahren ein, indem sie sagt: Heilung ist möglich, Veränderung ist möglich, und jeder Mensch trägt alle Ressourcen, die er für eine Gesundung bzw. Lösung braucht, bereits in sich. Die Aufgabe des Beraters oder Therapeuten besteht darin, den Klienten in Kontakt damit zu bringen. Jeder Mensch ist ein Individuum, einzigartig und nicht normierbar. Die TA betont Ganzheit, Selbstbestimmung, Eigenverantwortlichkeit.

### Ich-Zustände

In der Transaktionsanalyse werden drei Ich-Zustände unterschieden:

- **Erwachsenen-Ich-Zustand**
- **Eltern-Ich-Zustand**
- **Kindheits-Ich-Zustand**

Diese drei Ich-Zustände sind keine theoretischen Konstrukte oder Interpretationen seitens des Therapeuten, sondern sind sinnesspezifisch erkennbar, z. B. an der Körperhaltung, am Tonfall, an der Sprechweise und an den Reaktionen; bisweilen reagiert z. B. ein Erwachsener wie ein Kind. Ich-Zustände werden hauptsächlich vom Autonomen Nervensystem gesteuert und weniger durch das Bewusstsein; es geschieht eher umgekehrt: Der Zustand, in dem wir uns befinden, bestimmt in diesem Moment unsere Art zu denken.

Eine Person kann zu einem bestimmten Zeitpunkt jeweils nur in einem der drei Ich-Zustände sein; man kann also nicht von der Wahrnehmung und Denkweise im Erwachsenen-Ich sein, aber von der Körperhaltung und Ausdrucksweise im Kindheits-Ich. Ein schneller Wechsel ist aber sehr wohl möglich. In unterschiedlichen Situationen ist jeweils ein anderer Ich-Zustand angemessen und sinnvoll. Probleme entstehen oft dadurch, dass wir in einem nicht angemessenen, im „falschen" Ich-Zustand sind.

**Erwachsenen-Ich-Zustand:**
Man erscheint innerlich und äußerlich ruhig. Aufgabe des Erwachsenen-Ich ist es, Informationen aufzunehmen, sie zu verarbeiten und auf die Informationen angemessen zu reagieren: Entscheidungen treffen, sachliche Antworten geben oder handeln. Rational, erwachsen, zentriert.

- Sprechweise: ruhig, sachlich, vollständige Sätze.
- Körperhaltung: entspannt, aufrecht, distanziert.
- Bewegungen: ruhig, sparsam, kontrolliert.

Dieser Zustand ist angemessen in Situationen, in denen es um Informationsverarbeitung geht: auf der Arbeit, im Gespräch, bei Entscheidungen – konzentriert, sachlich und vernünftig. In unserer Kultur wird dieser Zustand bevorzugt; so stellt man sich gerne dar.

Schattenseiten:
- zu viel denken, analysieren, reden ohne zu handeln
- sich hinter einer Maske verstecken
- kein Zugang zu Emotionen, langweilig sein, wenig sinnlich
- kann sich nicht an schönen Dingen freuen, kann nicht genießen

**Eltern-Ich-Zustand:**
Dieser Zustand ist angemessen, wenn es um Entscheidungen geht und wenn gehandelt werden muss, aber nicht genug Informationen vorhanden sind. Man verlässt sich auf seine Erfahrung, auf Bewährtes, alles soll bleiben wie es ist. Man lässt sich auf keine Experimente ein, Sicherheit und Verantwortung haben Vorrang. Der Zeitfokus liegt in der Vergangenheit, beherrscht die Gegenwart und wird in die Zukunft exportiert.

Wir unterscheiden zwei Arten: das Kritische (abwertende) und das Nährende (fürsorgliche) Eltern-Ich.

**Kritisches Eltern-Ich:**

- lässt nichts Neues zu, arbeitet mit Abwertung und Bestrafung
- Sprechweise: Befehlston, kurze Sätze, gepresste (tiefere) Stimme
- Körperhaltung: angespannt, vor allem die Schultern, Arme und Gesicht
- Bewegungen: ruckartig, meist ein Arm erhoben, verurteilend, abwehrend

Positive Seiten:
- Disziplin und Konsequenz, kann gut Grenzen setzen

Schattenseiten:
- Rechthaberei, Sturheit, Vorwürfe, Zwanghaftigkeit, Verbissenheit
- kann keine Informationen aufnehmen, kann nichts dazulernen

**Nährendes Eltern-Ich:**

- Liebevoll, fürsorglich, gibt Erlaubnis und Raum zur Entfaltung

Schattenseiten:
- Verausgabt sich für andere, ohne es zu merken (Helfer-Syndrom)
- Ein vom Nährenden Eltern-Ich überversorgtes Kind entwickelt wenig Erwachsenen-Ich, bleibt abhängig

**Kindheits-Ich-Zustand:**

Das Kindheits-Ich ist der angemessene Zustand, wenn es um Entspannung geht und um Erholung; verspielt sein, Neues erkunden, Neues ausprobieren, sich und die Welt genießen, in Kontakt sein, Intimität und Nähe genießen: Für all das sollten wir uns im Kindheits-Ich-Zustand befinden.

Schattenseiten:
- Sich gehen lassen, Passivität, Abhängigkeit
- Illusionen, Tagträumerei
- Rebellion, Destruktivität

Als Gegenpol zum Eltern-Ich wird auch hier unterschieden zwischen dem natürlichen Kindheits-Ich (freies Kind) und dem angepassten Kindheits-Ich.

**Freies Kind:**
- Sprechweise: spontan, impulsiv, kurze und einfache Sätze
- Körperhaltung: beweglich, zugewandt, Blickkontakt
- Bewegungen: lebendig, dynamisch; von vital bis entspannt, schneller Wechsel ist möglich

**Angepasstes Kind:**
Auch hier unterscheiden wir: zwischen dem rebellischen (renitenten) und dem braven Kind.
- Rebellisch: energisch, laut, angespannt (vor allem Kiefermuskulatur), abweisend
- Brav: leise, zaghaft, gebremst, eher schlaff, freundlich, weicht Blickkontakt aus

Abb. 15: Eltern-Ich – Erwachsenen-Ich – Kindheits-Ich

Es folgen einige Beispiele:

- Ein Fußballspieler, der gerade ein Tor geschossen hat, wird in den Kindheits-Ich-Zustand wechseln: er strahlt, jubelt, wirft sich auf den Boden.
- Auf einer Party ist Vergnügen angesagt. Frei und ungezügelt tanzen, lachen, Spaß haben: Für all diese Verhaltensweisen ist der Kindheits-Ich-Zustand der angemessene. Einige Gäste sondern sich ab und fangen an zu reden und zu diskutieren: Sie sind im Erwachsenen-Ich-Zustand. Ein anderer schaut angespannt und verbissen, spannt seine Kiefermuskeln an; er dreht die Musik leiser oder schließt die Fenster, damit die Nachbarn nicht gestört werden, schaut auf die ausgelassen Tanzenden und schüttelt verständnislos den Kopf: Er ist wahrscheinlich im Eltern-Ich-Zustand. Kritisch, bewertend, die Nase rümpfend.
- Eine verbreitete Methode, in den Kind-Ich-Zustand zu gelangen, ist der Genuss von Alkohol; wenn man so angespannt ist, dass man keinen Zugang mehr zu Spaß und Leichtigkeit bekommt, ist Alkohol eine Möglichkeit, die übermächtige Stimme des Eltern-Ich zum Schweigen zu bringen.
- Gute Vorsätze zum neuen Jahr beschließt meist unser inneres Eltern-Ich, das sich als vernünftiges Erwachsenen-Ich maskiert und sagt: Ich will doch nur das Beste für dich. Ausführen muss die guten Vorsätze aber ein anderer Anteil, der dazu eigentlich keine Lust hat; wenn dieser sich dann weigert oder es schlicht vergisst, dann ärgert man sich über sich selbst. Was man sich auch vornimmt: Seine Ängste in den Griff zu bekommen, den inneren Schweinehund zu überwinden, sich zusammenzureißen, disziplinierter zu sein: All das bedeutet im Allgemeinen nicht, sein Erwachsenen-Ich zu stärken, sondern sein Eltern-Ich! Fast immer auf Kosten des Kindheits-Ichs, indem man sich zu etwas zwingen will, wogegen es heftige innere Widerstände gibt.
- Eine Schlichtung kann nur gelingen, wenn der Schlichter bzw. Mediator neutral und sachlich im Erwachsenen-Ich ist.

### Trübungen

Eine geistig und seelisch reife Persönlichkeit hat das volle Potential aller Ich-Zustände zur Verfügung und kann situationsbezogen den jeweils angemessenen Ich-Zustand benutzen. Sie ist fähig, diesen Ich-Zustand konstant zu halten oder, wenn die Situation es erfordert, spontan den Ich-Zustand zu wechseln. Die Inhalte der verschiedenen Zustände sind jeweils klar voneinander unterscheidbar. Von einer Trübung spricht man, wenn der Erwachsenen-Ich-Zustand überlagert wird durch Fehlinformationen aus dem Kindheits-Ich oder aus dem Eltern-Ich. Von dem Betroffenen selbst wird das in der Regel nicht wahrgenommen, von der Umgebung aber sehr wohl.

Als Trübungen aus dem Kindheits-Ich können wir Wunschdenken ansehen, Illusionen, Gutgläubigkeit, unangemessene Ängste. Sie werden für real gehalten, rationalisiert, erklärt, begründet und für erwachsen und vernünftig verkauft. Man sieht die Welt so, wie man sie gerne hätte – durch eine rosarote Brille.

Trübungen aus dem Eltern-Ich äußern sich als pauschale Verurteilungen, Ressentiments, vorschnelle Verallgemeinerungen oder Bewertungen und werden als informativ-sachliche Feststellungen angesehen und verkündet.

Alle Arten von Trübungen äußern sich in Glaubenssätzen und Überzeugungen (siehe S. 57).

### Die Gestaltung der Zeit

Neben dem Bedürfnis, wahrgenommen zu werden, ist das Bedürfnis nach Struktur, vor allem nach Strukturierung der Zeit, sehr wichtig. Es gibt verschiedene Möglichkeiten, die Zeit zu strukturieren, mit jeweils sehr unterschiedlicher emotionaler Intensität.

*1. Intimität*

Transaktionen, bei denen die soziale und die psychische Ebene kongruent sind. Der Ausdruck von Gefühlen ist angemessen und entspricht der Situation. Es kommt zum Austausch von intensiven Zuwendungen. Es werden keine Strategien angewandt, um den anderen zu manipulieren. Zum Erleben von Intimität ist das natürliche Kindheits-Ich unverzichtbar, unabhängig vom tatsächlichen Alter. Das kritische Eltern-Ich verhindert jegliche Intimität ebenso wie das rebellische Kind.

Die Anwesenheit des Erwachsenen-Ichs ist nicht erforderlich, aber möglich; es ist nur dann störend, wenn es versucht (wie gewohnt) die Situation zu dominieren. Vom Kindheits-Ich aus betrachtet, ist das psychologische Risiko bei Intimität am größten.

Beispiele: Ein intensives Gespräch unter Freunden, in dem über Gefühle gesprochen wird; Erotik; ein Flirt; zwei kleine Kinder, die sich angefreundet haben und nun „ein Herz und eine Seele" sind ...

*2. Rituale*
Allgemein anerkannte soziale Interaktionen, die ablaufen, als wären sie vorprogrammiert. Diese können unterschiedlich komplex sein. Funktionell werden Rituale vom angepassten, braven Kind vollzogen: Man fügt sich dem Ablauf, auf individuelle Freiheit wird verzichtet. Das psychologische Risiko ist gering.

Beispiele: Die Schüler stehen auf, wenn der Lehrer hereinkommt; eine Mutter bringt ihr Kind jeden Abend mit demselben Schlaflied zu Bett; Gottesdienst; Weihnachten feiern ...

*3. Aktivitäten*
Die eingesetzte Energie wird auf ein konkretes Ziel gerichtet, der überwiegende Zustand ist das Erwachsenen-Ich. Man erhält bedingte positive und negative Rückmeldungen bzw. Zuwendungen, mit zeitlicher Verzögerung (hinterher, nach dem Erfolg). Das psychologische Risiko hängt von der Art der Aktivität ab.

Beispiele: Ein Kind macht konzentriert seine Hausaufgaben; eine Arbeitsgruppe arbeitet zielstrebig auf ein Ziel zu; eine Frau übt Klavierspielen ...

*4. Rückzug*
Man ist körperlich anwesend, es werden aber keine Transaktionen mit anderen Menschen getätigt. Es wird keine Zuwendung verteilt oder angenommen, das psychologische Risiko einer Zurückweisung wird vermieden.

Beispiele: Man fährt mit anderen Personen im Fahrstuhl oder im Bus, mit der stillschweigenden Übereinkunft, sich höflich zu ignorieren; ein Ehepaar sitzt gemeinsam beim Essen, jeder ist in Gedanken woanders: man schweigt ...

*5. Zeitvertreib*

Ähnelt den Ritualen, jedoch sind die Transaktionen nicht so stark vorprogrammiert. Zeitvertreib findet entweder aus dem Eltern-Ich heraus statt (z. B. Bestätigen gemeinsamer Vorurteile), aus dem braven Kind-Ich (Wiederauflegen von kindlichen Gefühlen, gemeinsames Jammern) oder aus dem Konflikt: forderndes kritisches Eltern-Ich vs. renitentes Kind, ein Konflikt, der oft zur Lähmung, Motivationslosigkeit und Ablenkung führt.

Das psychologische Risiko ist etwas größer als bei den Ritualen; in neuen, unbekannten Gruppen ist Zeitvertreib eine Hilfe, um miteinander ins Gespräch zu kommen.

Beispiele: Eine Kaffeerunde, bei der der neueste Klatsch ausgetauscht wird; Small-Talk; Fernsehen, Computerspiele; Kreuzworträtsel ...

Problem dabei: Man hält diese Tätigkeiten für sinnvoll, dabei gehören sie zum Quadranten 4 in der Graphik nach Eisenhower (siehe S. 67).

*6. Spiele*

Hierbei handelt es sich um Neuauflagen von Kindheitsstrategien, die für Erwachsene nicht mehr angemessen sind. Das psychologische Risiko ist deutlich höher als beim Zeitvertreib: Es werden in der Regel intensive negative Zuwendungen ausgetauscht.

Beispiele: Ein Ehepaar diskutiert zum hundertsten Mal dieselbe Situation: Keiner von beiden lernt dazu, keiner rückt von seinem Standpunkt ab, jeder spielt eine Rolle – am Ende sind beide mit dem Ausgang unzufrieden; überall dort, wo Rollen zu verteilen sind, aus denen die Menschen dann nicht mehr herauskommen, zum Beispiel „der Rücksichtslose“, „die Verständnisvolle“, „der Hilflose“, werden Spiele gespielt, zum Beispiel in Teams, im Büro, im Verein ...

Das Bedürfnis nach Nr. 1 und Nr. 2 ist angeboren; einen gewissen Teil unserer Zeit müssen wir als erwachsener Mensch in Nr. 3 und Nr. 4 verbringen. Nr. 5 und Nr. 6 sollten wir weitgehend vermeiden. Um es zu wiederholen: Wenn emotionale Bedürfnisse unbefriedigt sind, dann entscheidet nicht unser Großhirn, wie wir unsere Zeit verbringen, sondern das Zwischenhirn.

Wie kommt es nun zu unserem ständigen Kampf gegen die Zeit? Welche der sechs Arten, seine Zeit zu strukturieren, ist überrepräsentiert und versucht ständig, noch mehr Raum zu erobern? Die Tätigkeiten Nr. 1 und Nr. 2 werden heute immer mehr zurückgedrängt; bei Intimität und Ritualen geht es mehr um Gefühle und Zugehörigkeit als um Information oder Handlung. Deswegen ist das Zeiterleben dabei ein ganz anderes und deutlich angenehmer; trotzdem sind viele Menschen heute damit unterversorgt, fast könnte man sagen im Entzug. Irgendetwas in uns sehnt sich danach, aber irgendetwas anderes in uns verhindert es: Viel zu reden, ist eine der sichersten Methoden, um Intimität zu verhindern; auch für Rituale ist viel reden nicht hilfreich, sondern eher schädlich. Heute wird aber viel gesprochen, weil für die meisten Menschen Informationstransfer anscheinend einen hohen Wert hat. Es wäre hilfreich, wenn wir nicht immer versuchten, mit Methoden des Großhirns, also mit Logik, Verstand und Vernunft, Probleme zu verstehen und zu lösen, wenn diese ihre Ursache mehr im Zwischenhirn haben, also Probleme der menschlichen Beziehungen, Einsamkeit, Abhängigkeit, Psychosomatik und Sucht. Logik und Verstand bringen uns dazu, viel zu denken und viel zu erklären: Das Erwachsenen-Ich dominiert unser Sein, und das ist auch gut so. Intimität kommt dabei aber oft zu kurz, und das natürliche Kindheits-Ich geht verloren.

Einen großen Teil unserer Zeit verbringen wir sinnvollerweise mit Nr. 3: Aktivitäten, aber heute oft in fataler Kombination mit Nr. 6: den Spielen, so dass diese Aktivitäten eine Eigendynamik entwickelt haben und zu Pflichten geworden sind, denen wir uns nicht entziehen können, da sie dann mehr vom Zwischenhirn gesteuert werden als vom Großhirn. Viele Menschen, die ihre Zeit frei einteilen können und nicht weisungsgebunden sind, also Selbstständige, Leitende Angestellte und vor allem Chefs, fühlen sich nicht wirklich frei, sondern oft als Gefangene ihrer Funktion.

Eine andere Möglichkeit, Rituale und Intimität aus seinem Leben zu verdrängen, besteht in den Tätigkeiten Nr. 4 (Rückzug) und Nr. 5 (Zeitvertreib). Am sichersten ist die Kombination dieser beiden; das ist nicht nur das Schicksal vieler älterer Menschen (siehe S. 13), sondern immer mehr auch der jüngeren.

Ganz wesentlich trägt zu diesem Prozess und zu seinem ungünstigen Verlauf die Art und Weise bei, wie Menschen zueinander im Verhältnis stehen, wie sie Beziehungen zu anderen und zu sich selbst aufbauen. Darum geht es im letzten Abschnitt dieses Kapitels.

## Symmetrische Verhaltensweisen, komplementäre Verhaltensweisen

Bateson beobachtete, dass Individuen sich im Umgang miteinander auf zwei prinzipiell unterschiedliche Weisen verhalten können,[11] und nannte diese:

1. symmetrische Verhaltensweisen
2. komplementäre Verhaltensweisen

Symmetrisch bedeutet hier: Beide Individuen befinden sich auf einer Stufe, also auf Augenhöhe. In Begriffen der Transaktionsanalyse hieße das: Beide Kommunikationspartner befinden sich im gleichen Ich-Zustand, also beide im Erwachsenen-Ich oder beide im Kindheits-Ich oder beide im Eltern-Ich. Symmetrische Verhaltensweisen bzw. Interaktionsprozesse zwischen Person A und Person B folgen dem Muster: Wenn Person A etwas tut, reagiert Person B mit dem gleichen Verhalten, zum Beispiel in einem Gespräch: A sagt etwas und B hört zu, dann sagt B etwas und A hört zu. Fairness basiert immer auf Symmetrie.

Eine andere wichtige Facette symmetrischen Verhaltens ist der Wettbewerb: Wieder reagiert B auf das Verhalten von A mit dem gleichen oder einem ähnlichen Verhalten, aber als Konkurrent: B zeigt mehr von diesem Verhalten als Person A, oder zeigt es schneller, besser, schöner; das führt in der Regel zu dem Versuch, sich immer wieder zu übertrumpfen oder zu „toppen“, wie es heute heißt, um sich den Rang streitig zu machen. Angeberei und Bluff, Versuche sich gegenseitig einzuschüchtern, Herumnörgeln am Gegner (sehr gut zu beobachten vor politischen Wahlen) sind Zeichen für symmetrische Interaktion und können zur Eskalation führen (Wettrüsten, Doping, Schönheitsoperationen, derzeitige Bankenkrise usw.).

Andererseits kann Konkurrenz, wenn der größere Rahmen stabil ist, wenn die Regeln gemeinsam anerkannt und gut durchschaubar sind, auch zur Stabilisierung des größeren Systems beitragen.

Beispiele: Bundesliga, Olympische Spiele, Jugend forscht usw.

Oder in einem spielerischen Rahmen: Gemeinsam Sport treiben, Schach spielen, Malefiz ...

Eine gänzlich andere Art und Weise, miteinander in Beziehung zu treten, sind die komplementären Verhaltensweisen. Diese sind ebenfalls wechselseitig aufeinander bezogen, aber entgegengesetzt, wie z. B.: Abhängigkeit – Versorgung, Geben – Nehmen, Herrschaft – Anpassung (Unterordnung), Großzügigkeit – Dankbarkeit, Aktiv – Passiv usw.

In der Transaktionsanalyse hieße das: Der eine Kommunikationspartner ist im Eltern-Ich und der andere im Kindheits-Ich. Die Beziehung von Eltern zu ihren kleinen Kindern muss komplementär sein; untereinander verhalten sich kleine Kinder dagegen symmetrisch.

Erwachsen-Werden bedeutet, in die Symmetrie zu wachsen, so dass man sich symmetrisch zu Erwachsenen verhalten kann und sich gleichwertig fühlt. Kinder, die gelernt haben, sich immer unterzuordnen, sich also komplementär zu verhalten, haben als Erwachsene oft Schwierigkeiten mit Symmetrie: Entweder ordnen sie sich unter oder sie verlangen Unterordnung.

Die Beziehung der Ehepartner untereinander sollte symmetrisch sein, das heißt gleichrangig: Sie sollten sich auf Augenhöhe begegnen. Komplementäres Verhalten unter Erwachsenen, in Situationen, in denen eigentlich symmetrisches Verhalten angemessen wäre, verhindert oft Entwicklung und begrenzt die Freiheit, was oft zur Lähmung, zum Stillstand führt. Es gibt erschreckend viele Erwachsene, die sich im Zustand des Versorgtwerdens und der Passivität eingerichtet haben.

Umgekehrt gilt das genauso: Kinder, die allzu früh zu symmetrischem Verhalten im Sinne von Konkurrenz und Leistung angehalten werden, bevor sie innerlich stabil und reif genug dazu sind, werden dadurch ebenso in ihrer Entwicklung gebremst.

Wenn eine Mutter mit ihrer 10-jährigen Tochter Gespräche wie mit einer erwachsenen Freundin führt, wenn sie sie als persönliche Ratgeberin missbraucht – mir sind solche Fälle bekannt –, dann sendet sie ihr unbewusst die Bannbotschaft: Sei kein Kind! Und verhindert damit eine gesunde, natürliche Entwicklung ihrer Tochter, weil bestimmte Bedürfnisse unerfüllt bleiben.

Oder wenn ein Vater sagt: „Ich bin für meinen Sohn eher ein Freund als ein Vater“ – was wohl heißen soll: „Ich bin gegen Gewalt, also will ich ihn nicht herumkommandieren. Er soll selbst entscheiden, was er tut und was gut für ihn ist“ –, dann ist das gut, wenn der Sohn 20 Jahre alt ist und selbst entscheidet, was er studiert und wo; es ist aber schlecht, wenn der Sohn 10 Jahre alt ist: Da braucht er Halt, Unterstützung und Anleitung. Und der Vater in diesem Beispiel entzieht sich der Verantwortung, er ist nicht im Eltern-Ich, sondern im Kindheits-Ich, auf einer Stufe mit seinem Sohn.

Bei allzu starker Abhängigkeit tut etwas Konkurrenz ganz gut! Wenn der Sohn sich übermäßig abhängig von seinem dominanten Vater fühlt, sollten die beiden öfter mal gegeneinander Tennis spielen. Und umgekehrt: Bei allzu starker Konkurrenz tut etwas Abhängigkeit ganz gut. Zwei verfeindete Nachbarländer, die sich belauern und in allen Bereichen konkurrieren, sollten sich gegenseitig mit unterschiedlichen Gütern beliefern. Das erzeugt eine gegenseitige Abhängigkeit und verringert das Konkurrieren, zumindest ein wenig. Aus diesem Grunde haben europäische Königshäuser früher gerne ihre Kinder untereinander verheiratet: Gegenseitige Abhängigkeit und Verstrickung ist gut für den Frieden, zumindest macht sie Krieg unwahrscheinlicher.

Beide Arten von Verhaltensweisen, symmetrisch wie komplementär, können also sowohl stabilisierend auf das größere System wirken, als auch destabilisierend, bis zur Eskalation.

Hier haben wir – neben dem vielen Reden – eine weitere Ursache dafür entdeckt, dass sowohl Intimität als auch Rituale so stark in den Hintergrund gedrängt werden: Intimität unter Erwachsenen ist nur möglich bei Symmetrie, Intimität zwischen Eltern und ihren kleinen Kindern nur, wenn sich beide Seiten komplementär zueinander verhalten. Gesprochener Text gehört nur dann zu einem Ritual und schadet diesem Ritual nicht, wenn die Beziehung komplementär ist, zum Beispiel bei einem Gottesdienst.

Wie bringen wir wieder mehr Intimität und mehr Rituale in unser Leben? *Ich will, dass mir mal jemand zuhört!*, ist ein emotionales Bedürfnis des Kindheits-Ich in uns; dazu braucht es aber ein fürsorgliches Eltern-Ich, das uns zuhört. Das wäre dann eine komplementäre Beziehung, und das ist unter Erwachsenen nicht einfach. Außerdem sind die meisten Menschen sparsam mit ihrem fürsorglichen Eltern-Ich; sie haben selbst das Bedürfnis, dass man ihnen einmal zuhört.

Wie kommen wir aus dieser Misere wieder heraus? Eine derartige Lösung könnte so aussehen, dass wir wieder mit uns selbst in Kontakt kommen, bevor wir in Kontakt mit der Außenwelt treten. Das heißt: in Kontakt mit unserer inneren Mitte, um die Bedürftigkeit des Zwischenhirns nicht zum Antreiber für unser Verhalten werden zu lassen. Eine Möglichkeit dieser Art der Kontaktaufnahme beschreibe ich im nächsten Kapitel.

# Kontakt zur eigenen Mitte – und die Folgen ihres Verlustes

Die Ideen, die ich in diesem und im nächsten Kapitel ausführe, basieren vor allem auf der Psychotherapie der Selbstbeziehung des amerikanischen Psychotherapeuten Dr. Stephen Gilligan, die er in seinem Buch *The Courage to Love* darlegt.[1]

## Zentriert sein

In welcher Situation fühlen Sie sich am wohlsten? Bei welcher Handlung, welcher Tätigkeit? Was müssen Sie tun, um sich wohl in Ihrer Haut zu fühlen, um guten Kontakt zu sich selbst zu haben? Viele meiner Klienten schauen mich zunächst ratlos an, wenn ich sie das frage. Die Antworten beziehen sich dann oft auf die Umgebung: Nach einem guten Geschäftsabschluss, wenn ich mit Freunden zusammen bin, wenn alles gut läuft, wenn ich Anerkennung bekomme ...

Also nähere ich mich gern von der Schattenseite: Wenn Sie völlig neben sich sind, z. B. nach einer herben Enttäuschung, nach einem erbitterten Streit ohne Versöhnung oder nach einer öden, endlosen Diskussion, die zu nichts geführt hat, frustriert, gelangweilt, erschöpft:

Was tun Sie, um wieder zu sich zu kommen, sich wieder wohl zu fühlen?

Wenn es Ihnen schlecht geht, was tun Sie, damit es Ihnen wieder gut geht?

Häufige Antworten: Dann ziehe ich mich zurück. Ich brauche erst mal meine Ruhe. Ich koche mir erst einmal einen Tee. Ich rufe eine Freundin an. Ich setze mich vor den Fernseher. Am besten, ich lenke mich einfach ab, nach einiger Zeit geht's dann wieder. Ich muss auf andere Gedanken kommen. – Auch Abschalten gehört, wie gesehen, zu den Favoriten.

Viele Menschen haben kaum eine Idee, was genau sie selbst für sich tun können, um sich wieder in einen guten Zustand zu bringen. Die Ursache ihrer Befindlichkeit wird gern nach außen verlagert: Dass es mir schlecht geht, liegt daran, wie die mich behandeln, und dass es mir jetzt wieder gut geht, liegt daran, dass ich mit einem Freund gesprochen habe, der mich versteht.

Manche Menschen müssen, wenn sie in einem derartigen Zustand sind, unbedingt etwas essen, so lange bis sie sich wieder wohl fühlen, manche rauchen eine Zigarette, andere brauchen einen Schnaps. Diese Rituale werden immer dann ausgeführt, wenn die Gemütsverfassung es braucht; es sind „Streicheleinheiten" für die Seele. Manche von ihnen sind für den Körper auf Dauer nicht gut.

Wesentlich besser geeignet zur Zentrierung ist eine gänzlich andere Gruppe von Verhaltensweisen, bei denen der Schwerpunkt mehr auf Eigeninitiative und Eigenverantwortung liegt. Sie sind intrinsisch motiviert, autonom, pro-aktiv, also in der oberen Hälfte der Eisenhower-Grafik, und werden im eigenen Tempo ausgeführt, in Ruhe und ohne Zeitdruck, also auf der rechten Seite. Das bedeutet: Diese Tätigkeiten liegen in Quadrant 2. Anstatt sich abzulenken (Quadrant 4) oder zielfixiert zu arbeiten – entweder verbissen (Quadrant 1) oder folgsam (Quadrant 3) –, holt man seine Aufmerksamkeit zu sich zurück, in den Körper. Erst wenn man zentriert ist, kann man selbst frei entscheiden, was man im Zentrum der Aufmerksamkeit hält. Die gute Nachricht: Es gibt sehr viele Tätigkeiten, die dafür geeignet sind, sich zu sammeln, sich zu besinnen. Dazu später mehr.

Es ist sinnvoll, derartige Tätigkeiten allein ausführen zu können, also niemand anderen dafür zu benötigen. Wenn man mit jemandem sprechen muss, um sich wieder gut zu fühlen, aber gerade niemand da ist – was tut man dann? Nelson Mandela saß lange in Einzelhaft und wurde gefoltert. Er hatte nicht die Gelegenheit, mit irgendeinem Menschen zu sprechen, der ihn verstanden oder ermutigt hätte, niemand, der auf seiner Seite war, und das über etliche Jahre. Er wusste nicht, ob seine Freunde draußen noch lebten, ob seine Idee noch eine Chance hatte. Was hat er gemacht, um nicht zu verzweifeln, um nicht verrückt zu werden? Er hat gebetet, stundenlang, beinahe den ganzen Tag. Ähnlich machte es Viktor Frankl[2], als er in einer vergleichbaren Situation steckte. Natürlich sollte es auch für Atheisten Möglichkeiten geben, die Vergleichbares leisten können.

Ein wichtiges Kriterium für derartige Rituale ist, dass sie jederzeit verfügbar sein müssen. Daher ist das Rauchen so beliebt. Und sie sollten möglichst jederzeit und leicht ausführbar sein, also nicht an komplexe externe Bedingungen geknüpft sein, wie z. B.:

„Jeden Februar fahre ich Ski, und dann geht's mir richtig gut! So sollte es immer sein."

„Einmal im Jahr bin ich für drei Wochen auf Gomera, und da komme ich richtig zu mir."

„Wenn ich joggen gehe, dann fahre ich ganz weit raus, in die unberührte Natur, wo ich niemandem begegne, weit weg von der Stadt. Leider bin ich seit drei Wochen nicht mehr dazu gekommen."

Unseren Ort des Friedens und der inneren Verbindung sollten wir immer mit uns tragen! Nicht nur in Momenten der Stille und des Rückzugs. Menschen, die offensichtlich gut mit dem Leben zurechtkommen, besitzen derartige Rituale, Verhaltensweisen oder Tätigkeiten, die ihnen guttun. Das ermöglicht ihnen, ein erfülltes Leben zu führen und in Würde alt zu werden. Beispiele dafür sind Personen wie Arthur Rubinstein, Pablo Picasso, Nelson Mandela, Albert Schweitzer ...

## Vier Grundgefühle, und der Verlust der inneren Mitte

Die Grundgefühle oder Basisemotionen werden seit der Antike diskutiert; Aristoteles etwa unterschied elf seelische Vorgänge: Begierde, Zorn, Furcht, Mut, Neid, Freude, Freundschaft, Hass, Sehnsucht, Eifer und Mitleid; Descartes beschreibt sechs primäre Leidenschaften: Freude, Traurigkeit, Verwunderung, Liebe, Hass und Begehren. Bei Spinoza finden wir nur noch drei Grundgefühle: Begierde, Freude und Hass.

Sowie wir auf die Welt kommen, ist unser Leben in Gefahr. Jeden Tag lernt unser Nervensystem Neues dazu; manche Vögel müssen das Singen von ihren Eltern lernen, anderen ist es angeboren. Enten ist das Schwimmen angeboren; das Fliegen müssen alle Vögel erst lernen.

Menschenkindern sind vier Grundgefühle angeboren, den Umgang damit müssen sie aber lernen – im Allgemeinen von ihren Eltern. Ohne jemals mit so etwas wie Sprache oder Kultur in Berührung gekommen zu sein, kann schon ein Säugling vier Emotionen erleben: mad, sad, glad, scared. Einige Autoren zählen heute auch den Ekel zu den angeborenen Grundgefühlen.

Alle anderen Gefühle, wie Scham, Schuld, schlechtes Gewissen, Pathos, Sentimentalität und so weiter lernen wir später dazu. Das geschieht in der Kindheit, wenn wir mit der Sprache auch ein Wertesystem lernen. Gefühle sind dazu da, uns zu orientieren: Angst mahnt uns, vorsichtig zu sein, bevor wir wissen, was auf uns zukommt und wie wir mit der Gefahr umgehen können. Wut ist hilfreich, um sich abzugrenzen, wenn die Umgebung übergriffig ist, um anderen deutlich zu machen: *Keinen Schritt weiter! Lass mich zufrieden!* Trauer erleben wir, wenn wir etwas Liebgewordenes unwiederbringlich verloren haben.

Etliche Male am Tag verlieren Kinder ihre Fassung, ihre innere Mitte, und sind außer sich: immer dann, wenn sie eines der vier Grundgefühle in hoher Intensität erleben; ein ganz normaler Vorgang.

Vielleicht hat ihnen jemand ihr Buddelschippchen oder (heute eher) ihr Skateboard geklaut, oder ihr Goldhamster ist gestorben. Vielleicht haben sie sich im Wald verlaufen, oder sie fühlen sich allein gelassen. Sie fühlen sich ungerecht behandelt, übergangen oder nicht ernst genommen. Vielleicht sind sie auch nur vom Fahrrad gefallen und haben sich die Knie aufgeschlagen; Grund genug, außer sich zu sein! Ähnliches passiert bei positiven Gefühlen: Ein kleiner Junge, der den Fahrtenschwimmer bestanden hat, „platzt" fast vor Freude, vor Glück und Stolz. Er hält es gar nicht aus, es für sich zu behalten: Er muss es sofort allen erzählen.

Jedes dieser Erlebnisse bewirkt, dass ein Kind völlig außer sich gerät – den Bezug zu sich selbst und zur Welt verliert, so heftig von diesem Gefühl überwältigt wird, dass es glaubt, die Welt stimmt nicht mehr. Trotzdem kommen Kinder immer wieder zurück zu sich. Wie geht das? Was tun sie? Sie laufen zu ihren Eltern! Die sind dafür zuständig. Von den Eltern lernt man, wie man es anstellt, wieder zu sich zu kommen und dass derartige Ereignisse keine Bedrohung darstellen. Man lernt, sie als normal zu kategorisieren und sich wieder wohl in seiner Haut zu fühlen.

Fangen wir mit dem schönsten dieser Gefühle an: Glad – wie lässt sich das am treffendsten übersetzen? Glücklich? Oder einfach: Froh? Die Philosophen haben es heitere Gelassenheit genannt. Erfülltes Tätigsein, sich verlieren in dem, was man tut, der Flow-Zustand (siehe S. 66); Heiterkeit, Freude, Glück – heute ist das meist durch „Spaß" verdrängt. Überall Spaß, Kurzweil, Alberei, Vergnügen, meist als kurzfristiges Strohfeuer.

Kinder sind von sich aus immer „gut drauf" – wenn man sie nicht daran hindert. Wir Erwachsenen brauchen immer einen Grund dafür, heiter zu sein, während Kinder von Natur aus fröhlich sind – so lange, bis es ihnen abgewöhnt wird. Man könnte denken, dass Eltern dieses Gefühl bei ihren Kindern am meisten schätzen. Das ist richtig, aber nur so lange, wie ein Kind freundlich lächelnd still vergnügt ist. Ist es vital und lebendig, gerät es auch mal außer Rand und Band, dann macht es meist Lärm, und der wird unterbunden. Ein Kind zu beruhigen, das vor Freude überdreht ist, es wieder „runterzuholen", ist auch alles andere als einfach. Das Gefühl „glad" wird Kindern am wirksamsten ausgetrieben. Wie viele Erwachsene können nicht mehr von Herzen lachen!

Mad – Wut. Ein wütendes Kind löst bei den Eltern im Allgemeinen Missmut und Ärger aus, vielleicht ebenfalls Wut, vielleicht auch Angst. In jedem Fall bemühen sich die Eltern recht schnell, dieses Kind „unter Kontrolle" zu bekommen – der Ausdruck von Wut wird sanktioniert. Bald übernimmt das Kind diese Aufgabe selbst, so gut es kann. Die Folgen heruntergeschluckter Wut können z. B. Übergewicht, Angststörungen, Schlafstörungen, nächtliches Zähneknirschen sein.

Sad – mit Trauer können Eltern in der Regel gut umgehen, da Traurigkeit meist eine nachvollziehbare Ursache hat; Trösten fällt im Allgemeinen leicht. Als Alternative dazu ist die simple Ablenkung sehr beliebt und verbreitet – „auf andere Gedanken kommen", und schon lacht man wieder. Viele Menschen können nicht angemessen trauern.

Scared – auch mit der Angst ihrer Kinder gehen Eltern im Allgemeinen fürsorglich um. Wenn der 4-Jährige spätabends zum x-ten Mal aus seinem Zimmer gelaufen kommt, anstatt zu schlafen, weil er vor irgendetwas Angst hat, wer von uns würde so reagieren: „Du gehst jetzt sofort in dein Zimmer zurück! Hab gefälligst keine Angst, du Idiot! Geh in dein Zimmer, mach die Tür zu, und heul nicht so blöd! Und du kommst erst wieder raus, wenn du keine Angst mehr hast, verstanden!"

Diese Version elterlicher Reaktion ist heute selten, es ist die Vorkriegs-Variante. Erstaunlich nur: Viele Menschen reden genau so mit sich selbst! Vor allem Phobiker führen derartige innere Dialoge. Woher sie das wohl haben? Das klingt dann zum Beispiel so: „Ich muss meine Angst unter Kontrolle kriegen", oder: „Wenn ich doch bloß nicht immer diese dumme Angst hätte! Die bringt mich noch um den Verstand. Ich weiß, dass meine Angst völlig unbegründet ist", oder: „Ich hasse mich für meine Angst. Die ist doch nicht normal."

Im Umgang mit ängstlichen Kindern ist es heute üblich, die Kinder in den Arm zu nehmen und zu sagen: „Du brauchst keine Angst zu haben" – was aber auch nichts anderes bedeutet als: „Dein Gefühl ist falsch, denk doch mal nach!" So wird Kindern oft beigebracht, zu denken anstatt zu fühlen. Ähnlich wie bei Trauer halten viele Eltern vor allem auch bei Angst die Ablenkung für eine geeignete Methode des Umgangs. So kommt es, dass vielen Menschen im Laufe ihrer Kindheit die Verbindung zu sich selbst irgendwieabhanden kommt:

> In der Mitte der Straße meines Lebens
> Erwachte ich in einem dunklen Wald,
> Wo der richtige Weg völlig verloren war.
> *Dante, Göttliche Komödie*

Es ist gut, alle diese Gefühle erleben zu können, so dass man sie nicht abspalten muss. Nur so ist es möglich, sie zu integrieren und Verhaltensweisen zu entwickeln, die es einem ermöglichen, mit dem Gefühl umzugehen. Gelingt einem das nicht, wird man immer wieder erleben, dass man außer sich gerät, die Fassung verliert und Dinge tut, die einem später leid tun, z. B. Menschen, die man liebt, zu verletzen. Hinterher muss man sich entschuldigen: „Ich war gar nicht ganz bei mir ... da war ich völlig neben mir ... ich weiß nicht, was da in mich gefahren ist ..."

Wir lernen allzu oft, diese Gefühle zu leugnen – weil wir

kein Ritual dafür haben, mit ihnen umzugehen. Manche versuchen, diese Gefühle zu bekämpfen, zu eliminieren; raten Sie mal, wer hier gewinnt. Diese Gefühle sind angeboren, und sosehr wir sie auch abspalten, verdrängen, rationalisieren, uns ins Denken flüchten und unsere Sinnlichkeit verlieren: Sie kommen immer wieder, wie Hunger und Durst. Solange wir leben, erleben wir diese Gefühle.

> You can check out anytime you like,
> but you can never leave!

singen die Eagles in *Hotel California*, und diesen Satz können wir durchaus auf unsere gesamte Existenz als menschliches Wesen beziehen: Durch dieses „Auschecken" kommt es immer wieder zu einem Bruch in der Bezogenheit – vor allem zu sich selber!

Die „Fassung verlieren" heißt, dass man von seinen abgespaltenen Gefühlen überflutet wird. In der Psychotherapie der Selbstbeziehung, die ich im folgenden Kapitel ausführlich beschreibe, unterscheiden wir zwischen einem Kognitiven Selbst und einem Somatischen Selbst. Unter dem Kognitiven Selbst verstehen wir unser Bewusstsein, unsere Gedanken, unseren Willen; unter dem Somatischen Selbst verstehen wir unseren Körper, unsere Triebe, Bedürfnisse und Gefühle.

Das Kognitive Selbst fürchtet die Wut des Somatischen Selbst und spaltet die Verbindung lieber ab. Diese sollte aber nicht dauerhaft abgespalten, sondern muss wieder in Kontakt gebracht werden; wir müssen lernen und üben, diese Energie zu halten, weil wir sonst von der aufgestauten Wut überflutet werden.

Sich besinnen, sich sammeln, zu sich kommen. Das heißt nicht: klein beigeben, sich anpassen sich verstecken. Im Gegenteil! Die Beherrschung der Emotionen und Triebe scheint in unserer Kultur einen hohen Stellenwert zu haben; ihr Ausleben wird als unkultiviert angesehen. Das ist so nicht ganz richtig: Wenn wir zentriert in unserer Mitte sind, kann das Kognitive Selbst erkennen, dass das Somatische Selbst nicht bösartig ist, sondern die Fülle des Lebens und aller Empfindungen in sich trägt, die darauf warten, mit menschlichen Werten in Kontakt zu kommen.[3] Und erst diese sind die Basis jeglicher Kultur.

## Stress

Was genau ist eigentlich Stress? Hans Selye, der den Begriff in die Psychologie einführte und das Phänomen präzise beschrieb, sagt dazu[4]:

> Stress ist die unspezifische Reaktion des Körpers auf jede Anforderung, die an ihn gestellt wird.

Stress ist also nicht das, was um uns herum passiert, wie klingelnde Telefone, Erwartungsdruck, Verkehrslärm, Termine, Gedränge etc., sondern die Reaktion unseres Organismus auf diese Reize. Wir erleben Stress, wenn der Hypothalamus[5] es meldet.

Der Körper glaubt sich in Gefahr und schüttet u. a. Adrenalin aus, um den Blutzuckerspiegel schnell zu erhöhen; Herzfrequenz und Blutdruck steigen. Diesen Überlebensmechanismus besitzen alle Säugetiere, er hat sich in der Evolution bewährt. In der Verhaltensbiologie wird diese Reaktion auch *fight, flight or freeze* genannt. Sie findet statt, wenn sich das Tier akut bedroht fühlt, z. B. weil es ein plötzliches Geräusch hört, das von einem Raubtier oder einer anderen Bedrohung stammen könnte.

Diese Reaktionssequenz beginnt immer mit dem *freeze*: Die Muskeln erstarren in höchster Spannung, der Atem wird angehalten (um besser hören zu können), die Aufmerksamkeit geht in den Kopf, in die Wahrnehmung und wird über die Augen nach außen gelenkt, dorthin wo das Geräusch zu hören war. Ist die Bedrohung real, wird das Tier flüchten oder kämpfen – die Stressreaktion hat den Körper darauf vorbereitet. Ob sie real ist, entscheidet sich meist im visuellen Sinneskanal, wenn das Raubtier sichtbar ist. Der visuelle Sinneskanal arbeitet hier wesentlich spezifischer als der auditive und erlaubt daher eine spezifischere Reaktion. Wenn das Tier spürt, dass in Wirklichkeit keine Gefahr besteht, wird es wieder ruhig weiteratmen, die Muskeln entspannen, vom starren, fokussierten Blick wieder in den entspannten, peripheren Blick wechseln – und sich wegbewegen: Es läuft, es trabt woanders hin, es wechselt den Kontext. Dieser Reflex der Stressauflösung bewirkt gleichzeitig die Befreiung von den Folgen des Stresses.

Unter allen Säugetieren gibt es nur eine Spezies, die imstande ist, länger im Schreckreflex zu bleiben, und das ist der Mensch. Seine Fähigkeit, vergangene – und damit auch bedrohliche – Situationen und Erlebnisse zu erinnern (eine Leistung des Neocortex), vermag den Organismus in chronischer Anspannung zu halten, so als würde ständig eine Gefahr drohen. Selbst im Urlaub, am Strand, oder nachts im Bett, wo die reale Gefahr eher klein ist. Bei vielen Menschen befindet sich der Körper (fast) immer in einem Zustand der aktuellen Bedrohung, die aber im Hier und Jetzt nicht tatsächlich vorliegt. Der Verstand, das bewusste Denken, weiß davon oft nichts; andererseits ist aber vielleicht der Nacken verspannt, die Füße sind kalt, der Bauch verkrampft – das Denken ist woanders als der Körper, wir fühlen uns zerrissen: Unsere Aufmerksamkeit ist gespalten.

Für viele ist das ein Dauerzustand; man sehnt sich nach Urlaub, Wellness, Fitness, Entspannung, Erholung – Hauptsache weg vom Alltag. Manche sind im Urlaub ähnlich verspannt wie zu Hause; das bedeutet meist, dass ihre Verspannung keine Reaktion auf die aktuelle Situation ist, sondern auf vergangene Erfahrungen. Andere sind im Urlaub entspannt, im Alltag nicht; das bedeutet, dass ihre Anspannung eher eine konditionierte Reaktion auf aktuelle Anforderungen ist.

Das Bewusstsein kann sich im Stress durchaus wohl fühlen, manche Menschen kommen durch Stress erst richtig in Fahrt.

> When the going gets tough, the tough get going.
>
> *Amerikanisches Sprichwort*[6]

Manche nutzen Stress als Motivator und nennen ihn gern Eustress. Bereits dieser Begriff, der im Geiste des Positiven Denkens entstand, ist nicht nur semantisch ein Widerspruch in sich (ähnlich wie z. B. der Begriff Flüssiggas), sondern auch eine Verniedlichung der Fremdbestimmung menschlichen Handelns; gemeint sind vermutlich Eigenschaften wie Selbstdisziplin, Konzentration und Engagement, die wir im Sinne Eisenhowers dem Quadranten 2 zuordnen können; diese sind aber intrinsisch motiviert, wohingegen sich Stress und Eustress als Reaktionen auf äußere Anforderungen in Quadrant 1 oder 3 wiederfinden. Dabei ist der Körper stärker angespannt als die Situation es erfordert. Stress ist eine Reaktion des Autonomen Nervensystems, nicht des Denkens; die Art des Denkens folgt dann dem Zustand des Gesamtsystems: Das Zwischenhirn wird aktiviert, und der Neocortex versucht eine Lösung zu finden!

Im Normalfall, wenn nichts Unvorhergesehenes passiert, kann man mit einer derartigen chronischen Grundverspannung (vielleicht) ganz gut leben, zumindest sich mit ihr arrangieren. Wenn aber die Situation akut wird und zusätzliche Anforderungen stellt, z. B. Entscheidungen zu treffen sind, Unerwartetes eintritt, sich größere Schwierigkeiten einstellen oder es einfach „zu viel" wird, dann werden die archaischen Überlebensmuster so stark angetriggert, dass sie die Kontrolle über unsere Wahrnehmung erlangen. Kleine Abweichungen, z. B. ein Stau oder ein leicht verspäteter Zug, ein versalzenes Essen oder eine ausbleibende Antwort lösen dann plötzliche Gefühlsentladungen aus, vielleicht einen Weinkrampf, einen Wutanfall, eine tiefe Traurigkeit ...

So kommt es zu einem Bruch in der Beziehung, einer Unterbrechung der Verbindung zu uns selbst und zur Welt. Wir flüchten uns in den Kopf, und hier laufen alte Muster oder innere Programme ab, die dazu dienen sollen, Schmerz zu vermeiden oder schwierige Situationen zu bewältigen. Dabei werden bestimmte Anteile des Erlebens ausgeblendet, indem die Aufmerksamkeit von ihnen abgelenkt wird, wodurch es zu einer Reduktion der Erlebnisinhalte kommt. Man geht in Trance, das heißt, die Aufmerksamkeit ist hauptsächlich innen, in der Regression: Man denkt, ohne wahrzunehmen, und ist dadurch abgeschnitten von allen Feedback-Möglichkeiten im Hier und Jetzt. Man landet in einem anderen Film und reagiert auf ein Ereignis in der Vergangenheit. In dieser Problem-Trance glaubt man, auf nur diese eine Art reagieren zu können und auf das Geschehen keinen Einfluss zu haben, was auch stimmt: Das Geschehen, auf das man reagiert, ist vorbei.

Diese innere Spaltung kann auf drei unterschiedliche Arten auftreten.

## Die drei Spaltungen der Aufmerksamkeit

### 1. Die Links/Rechts-Spaltung

„Zwei Seelen wohnen, ach, in meiner Brust" – wenn sie sich widersprechen, unvereinbar sind und gleichzeitig aktiv werden wollen, entsteht ein innerer Konflikt, bei dem es nur Verlierer gibt und der sich gern in Redewendungen ausdrückt wie: einerseits, andererseits; das kann man so und so sehen; ich möchte so gerne ..., aber das geht sowieso nicht; da hast du ganz recht, aber ...

„Aber" ist wahrscheinlich das meistbenutzte Wort in diesem Zustand. In schnellem Wechsel versucht man beiden Seiten gerecht zu werden, abwechselnd oder am besten gleichzeitig. Eins von beiden geht nur, aber was? Ich will doch beides!

Diese Art der Spaltung ist im Allgemeinen eine Reaktion auf sich widersprechende Anweisungen, die Gregory Bateson als *Double bind* bezeichnet hat.[7] Womöglich kam vom Vater ständig die Anweisung: „Lass dir nichts gefallen! Setz dich durch! Wehr dich!", und von der Mutter: „Ach, denk doch an die anderen! Nimm Rücksicht! Versetz dich doch einmal in deren Lage!" Dieser *Double bind* kann, in seiner schweren Form, bis zur Schizophrenie führen.

In der leichteren Form führt er zu Entscheidungsproblemen, innerem Hin und Her; zwischen Verstand und Gefühl, zwischen der analytischen und der intuitiven Seite, der planenden und der spontanen. Ein ständiges Pro und Contra, ein nicht endender innerer Konflikt, der entweder lähmt oder antreibt oder beides: Manche Menschen, die aktiveren unter uns, die Macher, verfallen in Aktionismus, um eine Entscheidung zu vermeiden; sie wollen alles tun, alles schaffen, weil ihnen alles als genauso wichtig erscheint; ihr Terminplan ist überfüllt, sie geraten in Zeitnot und Dauerstress, sie sind aufgekratzt und kommen nie zur Ruhe, weil sie auf nichts verzichten können. Nach außen wirken sie aktionistisch und hektisch, gestresst. Macher verfolgen ihre Ziele energisch und erreichen sie im Allgemeinen auch; sie haben aber oft den Kontakt zu ihren inneren Werten und tatsächlichen Bedürfnissen verloren (siehe Kapitel „Scheinbare Auswege aus der Polarisierung") und jagen einem Phantom namens „Erfolg“ hinterher. Aktionismus vermeidet Entscheidungen! Mögliche Folgen: Impotenz, Burn-out-Syndrom, Herzinfarkt ...

Andere, die eher Nachdenklichen, Reflektierenden, Zögerlichen, kommen nicht bis zum Handeln, sondern bleiben schon im Entscheidungsprozess stecken: Was soll ich tun? Was mach ich bloß? Womit fange ich an? Hinter einem Entscheidungskonflikt steckt auch hier oft ein Wertekonflikt; die Folgen dieses Konflikts reichen von Wankelmut, Entschlusslosigkeit bis zur Lähmung, Untätigkeit, Apathie – rasender Stillstand, gelähmter Körper bei ständigem Grübeln. Die Folge dieses inneren Konfliktes ist immer eine Erschöpfung, die größer sein kann als beim Aktionismus – trotz augenscheinlicher „Untätigkeit“.

In beiden Fällen springt man mit seiner Aufmerksamkeit hin und her, meist sehr schnell, verliert dadurch den Kontakt zu sich selbst und wird im Allgemeinen keiner der beiden Seiten gerecht. Bei den Aktiven springt der Körper mit, so schnell der Geist denken kann, bei den Passiven, den Grüblern, ist der Körper abgekoppelt vom Handeln und gelähmt.

Was ist nun angemessener im Entscheidungskonflikt: Aktionismus oder Lethargie? Soll ich links abbiegen oder rechts? Der eine sagt: Am besten beides! Der andere: Weder noch! Am besten ich bleibe an der Kreuzung stehen und warte erst mal ab.

### 2. Die Innen/Außen-Spaltung

Diese Art der Spaltung findet man oft bei Menschen, die in einer übergriffigen, unberechenbaren oder gar gewalttätigen Atmosphäre aufgewachsen sind. Oft sind Übergriffe eher subtil und raffiniert, nicht ohne Weiteres erkennbar; sind sie aber permanent, geschehen immer wieder, vor allem in sensiblen Situationen, wenn das Kind arglos, gutgläubig, verträumt oder desorientiert ist, dann gewöhnt sich das Kind daran, diesen Zustand des Ausgeliefertseins und des Manipuliertwerdens als „normal“ hinzunehmen.

Wenn das Selbst ständig bedroht erscheint, lernen Kinder, immer auf der Hut zu sein, ihre Aufmerksamkeit herzugeben und auf ihre Umgebung zu lenken, ständig mehr auf „die Anderen“ zu achten als auf sich selbst, sich nicht ihrem Handeln hinzugeben, versunken in das, was sie gerade tun, bei sich zu sein, zu träumen, zu spielen, sich zu begeistern für sich selbst und für die Dinge, die sie entdecken, sondern ständig auf die Signale anderer zu achten: „Erwartet jemand etwas von mir? Muss ich reagieren? Wie muss ich mich verhalten, um niemanden zu provozieren? Sind alle zufrieden mit mir?"

Oder, bei drohender körperlicher Gewalt, wenn das Kind um seine körperliche Unversehrtheit oder gar sein Überleben fürchten muss: „Wie ist der heute drauf? Ist der wieder betrunken? Schlägt der mich gleich? Bin ich hier in Gefahr? Wie kann ich beschwichtigen?"

Menschen, die so aufgewachsen sind, entwickeln oft ein hohes Einfühlungsvermögen, eine hohe Aufmerksamkeit für Wünsche, Gefühle und Stimmungen anderer – nur nicht für sich selbst. Sie lernen, ihre eigenen Bedürfnisse zu verleugnen zugunsten anderer.

In einfachen Fällen entwickeln sie sich zu rücksichtsvollen Menschen. Auf die Frage: „Mögen Sie einen Kaffee?", kommt dann vielleicht die Antwort: „Ja, gern, wenn's keine Umstände macht!" Oder auf die Frage: „Möchten Sie etwas trinken?", die Antwort: „Äh, ich weiß gar nicht, ob ich Durst habe – trinken Sie denn etwas?" Sie suchen Orientierung außerhalb, vergleichen sich mit anderen.

Kennzeichen dieser Orientierung nach außen ist häufig eine Anpassung oder Überanpassung.

Ein hoher Wert ist hier die Flexibilität, und wie Richard Sennett in seinem Essay *Der flexible Mensch*[8] schreibt, kommt es durch die Erfordernisse der Anpassung an die sich beschleunigende Arbeitswelt zu einem Verlust von langfristigen Zielen, weil man sich ständig auf kurzfristige Ziele orientiert, zu einem Fehlen von dauerhaften sozialen Bindungen und einer Zerstückelung des Lebenslaufs in Fragmente und Episoden.

*Wir sind erst zufrieden, wenn Sie es sind!* Dieser zum Standard gewordene Reklamespruch von Dienstleistungsunternehmen, ist er bald die oberste Maxime einer Generation von Dienstleistern? Die sich selbst zum Dienstboten machen? *Ich stehe zu Ihrer Verfügung!* Was hinterlässt es für ein Gefühl, wenn man es so formuliert?

Typische Glaubenssätze sind:
- Ich will nicht auffallen.
- Am besten, ich mache es anderen recht.
- Ich bin nicht so wichtig wie andere.
- Ich muss mich nach anderen richten.

Ein anderer Anteil sagt aber:
- Ich bin genauso wichtig! Warum behandeln die mich so!
- Warum nimmt keiner Rücksicht auf mich!
- Wenn ich könnte, wie ich wollte, ihr würdet euch wundern!

Oft haben diese Menschen Schwierigkeiten, sich gegen die Anforderungen und Wünsche anderer abzugrenzen. Den Groll schlucken sie dann herunter. Sie sind ängstlich, übervorsichtig, manchmal opportunistisch oder kontaktscheu bis zur Sozialphobie. Kein Wunder: Wer sich ständig mit anderen vergleicht und dabei immer unterliegt, wird sich allein wohler fühlen als in Gruppen. Man quält sich mit Fragen: Wie wirke ich auf andere? Was denken die von mir? Es darf keiner merken, wie es in mir drin aussieht.

Bei vielen Phobien (Fahrstuhl-, Höhen-, Hundephobie etc.) ist meist eine Innen/Außen-Spaltung beteiligt. Gerade Angstpatienten sind wahre Meister im Verbergen ihrer Gefühle.

Das Symptom kämpft um die Aufmerksamkeit des Bewusstseins, und das Bewusstsein kämpft gegen das Symptom, will es in den Griff bekommen. Klienten kommen in die Praxis meist mit der Bitte: Sorge dafür, dass ich in der akuten Situation keine Angst mehr habe. Mach das Symptom weg.

### 3. Die Kopf/Bauch-Spaltung

Die dritte Trennung ist die in unserer Kultur häufigste und beliebteste, da sie sich im Alltag bewährt hat: bekannt als *Ratio*, die *Spaltung* von Verstand und Gefühl, von Kopf und Bauch.

Unter „ratio“ finden wir im lateinischen Wörterbuch: „Berechneter Anteil (an Mundvorrat); Rechenschaft, Berechnung; Interesse, Vorteil; Ordnung, Verfahren, Grundsatz, Denkart, Maßstab; Verhältnis, Art und Weise; Begründung, Beweis, Wissenschaft, System“; die Eingrenzung des Begriffs *Ratio* auf die Bedeutung *Denken*, *Verstand* und *Vernunft* erfolgte erst später.

Der Zustand der Ratio, die Reduzierung des Menschen auf sein Denken durch die Spaltung zwischen Denken und Sinnlichkeit ist so weit verbreitet, dass wir sie inzwischen als „normal“ ansehen. *Ich zweifle, also bin ich*, hat Descartes erkannt und in seinem *Discours*[9] beschrieben, was nichts anderes hieß als: *Ich glaube erstmal gar nichts!* Im Zeitalter der Aufklärung war das ein großer Fortschritt gegenüber dem bis dahin üblichen, religiös festgelegten *Ich glaube, also bin ich*. Irgendwie wurde im Lauf der Zeit aus *Ich zweifle, also bin ich* das heute übliche *Ich denke, also bin ich*.[10] Diese Aussage hätte Descartes wahrscheinlich nicht in dieser Form ausgesprochen, sondern sofort angezweifelt: Überlieferte Glaubenssätze persistieren im Denken unverändert, im Zweifeln dagegen nicht (siehe Kapitel „Der Kampf gegen die Zeit“). Die Aussage *Cogito ergo sum* spielt sich im Inneren des Schädels ab. Gassendi, ein Gegenspieler Descartes', sagte dazu: *Ambulo ergo sum*, was so viel bedeutet wie: *Ich laufe herum und nehme die Welt wahr, und das bedeutet, dass ich (lebendig) bin*.

Antonio Damasio, einer der bedeutendsten Hirnforscher derzeit, hat nachgewiesen, wie wichtig die Rolle der Emotionen auch beim „vernünftigen“ Verhalten des Menschen ist. Kurz gefasst: Denken ist ohne Gefühle gar nicht möglich. Er zeigt dies an unzähligen Fallgeschichten, bei denen Menschen, deren emotionales Erleben durch Hirnverletzungen gestört war, nicht nur in ihrem Sozialverhalten beeinträchtigt waren, sondern auch keine rationalen Entscheidungen mehr treffen konnten. Die Vorstellung einer Ratio, die vom Gefühl unabhängig ist, und wie Descartes sie postulierte, kann nicht aufrechterhalten werden.[11]

Geist und Körper, so zeigt Damasio, ebenso wie Gregory Bateson in seinem Hauptwerk *Geist und Natur*, bilden eine weit engere Einheit als bisher angenommen. Der bisherige Dualismus von Gefühl und Verstand darf damit als widerlegt gelten.

In seinem nächsten Buch, in dem er sich der Entschlüsselung des Bewusstseins widmet, unterscheidet er zwischen einem Kernbewusstsein, über das alle höher entwickelten Tiere (z. B. Säugetiere) verfügen und das auf Sinneswahrnehmung und Körpergefühl basiert, und einem von ihm so genannten erweiterten Bewusstsein, das nur der Mensch besitzt; es setzt Erinnerung und Sprache voraus. Das Bewusstsein ist also entwicklungsgeschichtlich viel älter als bisher angenommen.[12]

Die meisten Menschen identifizieren sich mit ihrem Denken. Wo ist der Sitz der Instanz „Ich“? Natürlich im Kopf! Oder? Descartes hat die Seele in der Zirbeldrüse vermutet, Platon im Herzen.

> Immer, wenn's ernst wird, hören wir auf zu
> atmen und fangen an, angestrengt zu denken.
> *Stephen Gilligan*

Auch diese Alltagstrance haben wir gelernt: Als Kind wurden wir herumkommandiert, mussten ins Bett gehen, obwohl wir noch nicht müde waren, mussten aufstehen, obwohl wir noch schlafen wollten, mussten Sachen anziehen, die wir nicht mochten, den Müll hinunterbringen, Hausarbeiten machen, den Teller leer essen ... Über den Körper konnten die Eltern verfügen, aber nicht über das Denken:

Die Gedanken sind frei!

Wohin zieht man sich zurück, wenn man der Umgebung entfliehen und ganz bei sich sein will? In Träume, Wünsche, Visionen – die alle im Kopf stattfinden, zumeist als Denken. So lernt man, sich mit seinem Denken zu identifizieren.

Denken bedeutet in diesem Falle, die Wahrnehmung von der Welt abzuwenden, was eine Unterbrechung des Erkennens („cognoscere“) nach sich zieht, und sich stattdessen Informationen aus seinen früheren Erfahrungen zu besorgen bzw. das aktuelle Geschehen mit früheren Erfahrungen in Beziehung zu setzen, Permutationen zu bilden aus dem, was man bereits weiß. Je älter man wird, desto weniger erlebt man neue Erfahrungen als neu, und desto mehr sind neue Erfahrungen nur noch dazu da, alte Erinnerungen auszulösen und zu bestätigen: Irgendwann ist man gesättigt, gelangweilt oder gar angeödet von der Welt, die nichts Neues mehr bietet. Von neuen Wahrnehmungen, Informationen und Erkenntnissen abgeschottet, schmort man im eigenen Saft und dreht sich im Kreis. Das nennt man dann Denken; die Transaktionsanalyse nennt es abwertendes Eltern-Ich.

Wenn der Ausdruck von Wut sanktioniert wird, zieht sich die Wut in den Kopf zurück und findet ausschließlich dort statt. Folgen für den Organismus: Er wird die Wut nicht los und speichert sie dauerhaft ab; der Körper ist ständig damit beschäftigt, die Wut zu unterdrücken. Dazu ist die Kopf/Bauch-Spaltung, die Ratio, sehr gut geeignet: Man empfindet den Körper nicht vollständig, viele Signale des Körpers erreichen das Bewusstsein nicht.

Angst treibt die Menschen auf die Bäume. Wie kommen sie wieder herunter? Denken ist ungefährlicher als Emotion, ungefährlicher als Sinnlichkeit und Körper, die immer ein Risiko darstellen, das man am besten vermeidet. Woher kommt dann aber die heutige Fitness- und Wellness-Welle? Nach meinen Erfahrungen scheint Fitness eher ein optisches Phänomen zu sein, man unterwirft sich dem Zwang, gut aussehen zu wollen/müssen, ähnlich wie man ins Solarium geht. Der Körper wird nicht gefragt, ob er ins Fitness-Center möchte; er wird gezwungen, um optisch einen guten Eindruck zu machen. Man will seinem Selbstbild entsprechen und andere beeindrucken; durch diese Instrumentalisierung des Körpers wird die Kopf/Bauch-Spaltung eher weiter verstärkt.

Eine Klientin hat mir auf meine Eingangsfrage: „Wenn du dich richtig wohl fühlst in deiner Haut, wie spürst du dann deinen Körper?“, geantwortet: „Am wohlsten fühle ich mich, wenn ich meinen Körper überhaupt nicht spüre. Dann weiß ich, dass alles in Ordnung ist.“ Sie war wegen einer Angststörung in meiner Praxis.

Als Symptome der Kopf/Bauch-Spaltung können alle psychosomatischen Erkrankungen auftreten. Im Extremfall: Schlaganfall und Herzinfarkt. Häufig hört man Sätze wie: „Er war doch gestern noch so gesund! Wie konnte denn das passieren? Das hätte ich nie gedacht!“ Biologisch ist, um einen Schlaganfall zu bekommen, eine Vorbereitungszeit von mindestens 10 Jahren erforderlich, wozu eine gut etablierte Kopf/Bauch-Spaltung gehört: Man muss schon sehr gespalten sein, um während dieser Zeit alle Notsignale, die der Körper sendet, nicht zu spüren. Beim Herzinfarkt ähnlich: Den bekommt man auch nicht zufällig. Oft steht in den Todesanzeigen: „Plötzlich und unerwartet mitten aus dem Leben gerissen.“ Was mag das für ein Leben gewesen sein! Erfolgreich? Interessant? Vielleicht, aber mit Sicherheit weit entfernt von sich selbst.

> Eine weitere Metapher soll diese Problematik veranschaulichen:
> Eine Lokomotive habe die Aufgabe, zehn schwere Güterwaggons auf einen Berg zu ziehen. Der Lokführer glaubt, sich beeilen zu müssen, und heizt die Maschine ein, um mit voller Kraft zu fahren. Irgendwann gibt der schwächste Teil des Systems nach: Die Kupplung reißt, und die Waggons machen sich selbstständig, das heißt, den Naturgesetzen folgend, rollen sie den Berg wieder hinunter. Weil er nur verbissen nach vorne schaut, bemerkt der Lokführer dies nicht; er ist begeistert, wie schnell er plötzlich fährt. Irgendjemand müsste ihm jetzt die Botschaft überbringen: „Halt an, du hast deine Waggons verloren! Kehr um und sammle sie wieder ein!"

Die Aufgabe, diese Botschaft zu überbringen, übernehmen beim Menschen die psychosomatischen Symptome. Welcher Anteil im Menschen ist so fixiert auf sein Ziel, dass er nicht merkt, wenn er unterwegs die Hälfte verliert?

Wenn ein Symptom eine Botschaft ist, dann ist die Frage also nicht nur: Was bedeutet das Symptom? Sondern vor allem: Wer ist der Adressat dieser Botschaft? Wen soll die Botschaft erreichen? Wer ist der ehrgeizige Lokführer in uns, der seine Ladung verliert, weil er so verbissen auf sein Ziel fixiert ist? Das Denken. Was ist die Ladung, die den Naturgesetzen folgt? Der Körper.

Die heute übliche Art, Symptome zu bekämpfen, erinnert fatal an den früher üblichen Brauch, den Überbringer schlechter Nachrichten zu köpfen – am besten, bevor er seine Nachricht überbringen konnte, damit niemand bei Hofe beunruhigt wurde.

## Der Verlust der Eigenzeit

Zusammenfassend können wir sagen, was allen drei Aufmerksamkeitsspaltungen gemein ist: Man kommt aus dem Rhythmus, es kommt zu einem Verlust der Eigenzeit durch die Beschleunigung des Denkens, zu einer Ablenkung von der sinnlichen Wahrnehmung und zu einem Verlust der Autonomie.

Babrios beschreibt die Folgen der Spaltung in seiner Fabel *Divide et impera* von den drei Stieren, die erst dann dem Löwen zum Opfer fielen, einer nach dem anderen, nachdem er sie mit Falschheit und Trugworten einander verfeindet und damit getrennt hatte.

Wem fallen wir zum Opfer? Wer ist interessiert daran, dass wir uns innerlich so spalten, dass wir verfügbar und kontrollierbar sind?

Noch wichtiger erscheint mir aber die Frage: Wo bleibt die Instanz, die einen wieder zu sich bringt? Zunächst versuchen wir, unter Kontrolle zu bekommen, was uns beunruhigt. Hinter jedem Kontrollbedürfnis steckt irgendwo eine Angst. Wie aber, wenn es unser Denken selbst ist, was uns beunruhigt?

> Nicht wir haben die Gedanken,
> sondern die Gedanken haben uns.
> *Friedrich Nietzsche*

Deswegen das Denken ganz sein zu lassen, ist vielleicht keine so gute Lösung!

Die Griechen waren leidenschaftliche Denker. Platon hat den Ideen Vorrang vor der realen Welt eingeräumt, aber er durfte das: Diese Ideen entsprangen dem Herzen, das heißt, sie waren immer mit der Sinnlichkeit und dem Fühlen verbunden. Bei der Ausübung der *Theoria* waren Denken und Handeln getrennt, aber selbst die Platoniker waren sich beim Denken ihres Körpers bewusst, sie gingen beim Philosophieren spazieren; die höchsten geistigen Ergüsse hatten immer einen sinnlichen Rahmen, z. B. ein Essen.[13] „Wir können doch nicht den ganzen Tag essen oder spazieren gehen!“, werden hier einige einwenden, „wir müssen aber den ganzen Tag denken.“ Manche Menschen essen tatsächlich den ganzen Tag.

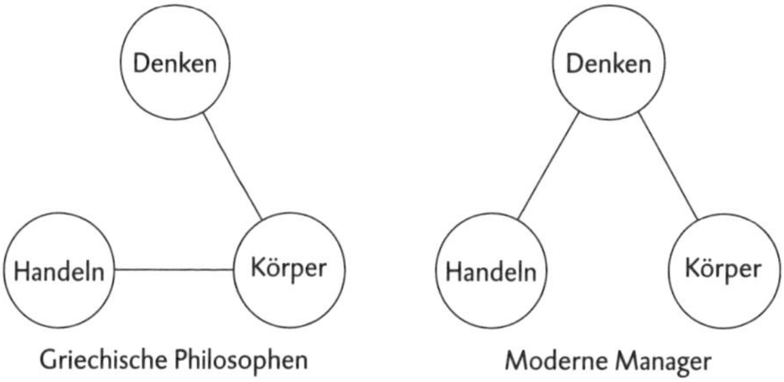


Abb. 16: Handeln, Denken, Körper

Die Renaissance brachte uns das erkennende Handeln, das Verbinden von Denken und Handeln. Und Descartes hat uns gezeigt, wie man das Denken vom Körper, von den Gefühlen trennt. Die Verbindung von Denken und Handeln hat eine andere Drehzahl als die Verbindung des Denkens mit der Sinnlichkeit des Körpers bei den Griechen: Wenn das Handeln die Geschwindigkeit des Denkens anzunehmen trachtet, kommen wir außer Atem, und das Handeln bindet den Körper dann in einer Geschwindigkeit mit ein, die ihm nicht guttut. Jedes abgekoppelte System entwickelt seine Eigendynamik und durch das losgelöste, verselbstständigte Handeln werden Realitäten geschaffen, die ständig unsere Aufmerksamkeit erzwingen und die zu bewältigen wir uns genötigt fühlen.[14]

Gibt es eine Alternative zu einer Gesellschaftsform, deren Leistungsanspruch sich immer mehr beschleunigt? Vielleicht der Kommunismus? Nein, auch bei Karl Marx klafft eine große Lücke zwischen seiner sich human gebenden Idee der Gerechtigkeit und ihrer Realisierung: Auch hier herrscht die Unerbittlichkeit des Fortschritts, und in seiner Sprache herrscht in jedem Satz Krieg. So schreibt Albert Sellner in der ZEIT vom 28. Mai 1998 in seinem Kommentar zum *Schwarzbuch des Marxismus*, wie auffällig die militärische Färbung des Wortschatzes von Marx und Engels ist. Und weiter: „Für Marx und Engels ist klar: Ihre Vorstellung von Demokratie wird sich nur in Weltkriegen durchsetzen lassen.“ Das heißt, dass der Kommunismus denselben Gesetzmäßigkeiten unterliegt wie der Kapitalismus, mit dem gleichen systematischen Fehler: Abspaltung und Entfremdung vom Selbst, Aufspaltung des

Individuums in voneinander entkoppelte innere Anteile, Beschleunigung des Denkens und Handelns.

Während natürliche Systeme (das heißt: in die Natur eingebundene Systeme) immer ein Optimum anstreben, in dem alle Anteile sich im Gleichgewicht befinden, scheinen abgekoppelte Systeme eher ein Maximum des dominierenden Anteils anzustreben. Das bedeutet: Ein Teil entwickelt sich auf Kosten der anderen. Zunächst stellt sich die Frage:

| | *Sind wir Menschen ein natürliches System, oder sind wir ein abgekoppeltes System?* |
|---|---|
| Und, wenn das Letztere zutrifft: | *Abgekoppelt wovon?* |
| Und dann: | *Wer entscheidet, welcher Teil sich entwickelt, um sein Maximum zu erreichen?* |
| Und: | *Was bleibt auf der Strecke?* |

Ist das Denken abgekoppelt vom Rest des Individuums?

Oder sind wir als *Individuum* tatsächlich *unteilbar*?

Woher hat das Denken die Macht, sich vom Körper abzuspalten und sich auf dessen Kosten zu entwickeln? Wem ist das Denken verbunden oder verpflichtet, wenn nicht der eigenen Wahrnehmung, den Sinnen, dem eigenen Körper? Vielleicht den kulturellen und gesellschaftlichen Vorgaben, den Überlieferungen, den Sachzwängen, den eigenen Glaubenssätzen? Wem können wir vertrauen, worauf hören wir, welchen Werten folgen wir?

Wir scheinen heute, wenn wir Zeitpläne machen, wenn wir in Zeitnot und Stress geraten, unsere handlungsleitende Instanz im Kopf zu haben und die Anweisungen zu befolgen, die von dort ergehen, die dort gespeichert sind, unauslöschlich, wie in Stein gemeißelt. Einer der universell wirksamen Antreiber lautet heute anscheinend: Mach schnell! Wir sind Getriebene des Systems, und um uns nicht passiv und ausgeliefert zu fühlen, machen wir wieder einen Zeitplan, der uns das Gefühl von Entscheidungsfreiheit, selbst bestimmtem Handeln und Autonomie gibt, von Pro-Aktivität, wie Stephen Covey sie im ersten Schritt seiner sieben Wege zur Effektivität fordert.

Das Denken als Instanz, die aktiv ist, das Denken befiehlt, aber handeln muss der Körper: Er führt Befehle aus, die das

Denken erteilt hat, das Denken kontrolliert den Körper, und der kommt nicht nach mit der Ausführung, mit dem Handeln. Wir bekommen ein schlechtes Gewissen, der Befehlston wird schärfer, das Handeln wird entweder beschleunigt oder ganz verweigert – in beiden Fällen wird die Spaltung vertieft.

Noch einmal:

> Wo bleibt die Instanz, die einen wieder zu sich bringt?
> In Verbindung – aber womit?

Um die Antwort nicht schuldig zu bleiben: Verbunden mit sich selbst, mit der eigenen Mitte. Was wir dafür tun können, beschreibe ich im nächsten Kapitel.

# Aufheben der Spaltung und Wiederverbindung

## Die Psychotherapie der Selbst-Beziehung

Die Liebe, um die es hier geht, ist nicht die romantische Liebe, schon gar nicht in ihrer passiven Form, sondern eine aktive, bewusste, erwachsene Liebe. Dafür braucht es eine reife Persönlichkeit, Ausgeglichenheit, innere Stabilität. Und Mut – wie es der Titel der englischsprachigen Ausgabe ausdrückt: *The Courage to Love*. In der Einleitung schreibt Gilligan dazu[1]:

> In diesem Buch geht es darum, wie sich durch Psychotherapie der Mut und die Freiheit zur Liebe kultivieren lassen. Geschrieben ist es in einer Zeit, in der die Liebe zu verblassen und Hass und Verzweiflung zuzunehmen scheinen, in der die Gemeinschaft in Vergessenheit gerät und nur Unterschiede übrig bleiben. Es betrachtet Liebe als eine Fertigkeit und als eine Kraft, die heilen und beleben, wieder verbinden und führen, berühren und ermutigen kann. [...]
> Wesentlich für diese Aufgabe ist die Fähigkeit zu lieben. Um sie erfolgreich einsetzen zu können, müssen wir ihr Wesen verstehen. Wir müssen, wie Erich Fromm (1978) bemerkte, an die Stelle sentimentaler und passiver Vorstellungen von Liebe aktivere, radikalere setzen. Merkwürdigerweise wird Liebe oft für etwas gehalten, das einem unter positiven Umständen passiert, ein berauschender Zustand, der die Fähigkeit, klar und nüchtern zu handeln, betäubt. [...]
> Dieses Buch stellt praktischere Vorstellungen von Liebe dar und untersucht, wie sie in der Psychotherapie hilfreich sein können. Liebe wird als eine Kraft und als eine Fertigkeit aufgefasst, und dazu gehören Beziehungsfähigkeiten, wie Leben zu beschützen und nicht zu manipulieren, zu geben und zu empfangen, zu sein und dabei zu sein, zu harmonisieren und zu differenzieren, zu berühren und zu befreien. [...]
> Gerade in unserer fernsehsüchtigen, postmodernen Computergeschwindigkeitszeit mit ihrer Kakophonie von stetig sich vermehrenden Bildern, Ansichten und Beschreibungen ist es wichtig, klare Vorstellungen von der Liebe zu haben. In diesem Wirbelwind mentalen Surfens gehen der Körper, die Rhythmen der Natur, die Zwischenräume und die Gemeinschaft menschlicher Erfahrung verloren. Angesichts dieses Verlustes werden Differenzen zu Bedrohungen, die weitere Auseinandersetzungen, noch mehr Herr-und-Knecht-Strategien und eine weitere „Balkanisierung“ des Bewusstseins nach sich ziehen. Da ist es kein Wunder, wenn wir Schwierigkeiten haben, mit uns selbst und anderen zurechtzukommen.

In der Therapie sehen wir tagtäglich die posttraumatischen Folgen dieser innerpsychischen und zwischenmenschlichen Auseinandersetzungen. Wir sehen Verzweiflung, Depressionen, Sucht, zwanghafte Gewalt gegen sich selbst und andere, unablässige Ängste. Wir sehen eine Welt, in der die Liebe zunehmend fehlt, in der Hass vorherrscht und Angst um sich greift. Wir müssen auf unsere bescheidene Weise versuchen, den Funken der Selbstliebe wieder zu entzünden, zu Akzeptanz und Neugier zu ermutigen, wo Zurückweisung und Kontrolle waren, und ein Wiedererwachen des Selbst in der Gemeinschaft zu fördern. [...]
Dieses Buch untersucht als einen solchen Weg, den [...] Ansatz der Selbstbeziehung. Diese Psychotherapie der Selbstbeziehung habe ich im Laufe der letzten zwanzig Jahre in der klinischen Praxis und in der Lehre entwickelt. Meine frühen Mentoren waren Milton Erickson und Gregory Bateson. Zu den späteren Einflüssen zählen die Kampfkunst des Aikido; das Werk Gandhis, Martin Luther Kings und anderer Menschen im gewaltfreien Widerstand; buddhistische Schriftsteller wie Pema Chödrön und Thich Nhat Hanh; verschiedene andere Autoren, wie Robert Bly, Erich Fromm und C. G. Jung; [...].

Gilligan folgt mit seinem Ansatz der Tradition der von ihm genannten großherzigen, geistreichen, liebevollen, mutigen Menschen. Und er beschreibt in seinem Buch – sorgfältig, folgerichtig, plausibel, geradezu wissenschaftlich – Schritt für Schritt, wie ein Mensch die Beziehung zu sich selbst, den inneren Frieden und sein Selbst-Gefühl wieder aufbauen, verbessern und pflegen kann.

## Grundlagen der Selbst-Beziehung

Im ersten Kapitel[2] zählt er die Grundprämissen auf, die jedem Menschen zur Verfügung stehen – auch wenn er den Zugang zu ihnen verloren glaubt. Sie lauten:

- In deiner Mitte gibt es eine unzerstörbare, weiche Stelle.

Das heißt: Jeder Mensch hat eine empfindsame Seele. Und vor allem: Sie ist unzerstörbar, auch wenn die heutige Zeit sie vielleicht gerne zerstört sähe; Menschen, die wie seelenlose Roboter wirken, haben im Moment nur den Kontakt zu ihr verloren. Die Seele aber lebt. Und sie sehnt sich danach, wieder verbunden zu sein.

- Das Leben strömt durch dich hindurch, außer wenn dies nicht geschieht.
- Das Leben ist großartig, aber manchmal tut es höllisch weh.

Das heißt: Leben und Natur laufen zyklisch ab, es gibt ein ständiges Auf und Ab. Wir sind keine Maschinen! Konstant positive Gefühle haben zu können, ist eine Illusion.

Das Glück verliert allein schon durch seine Dauer.
*Johann Wolfgang von Goethe*

- Du bist ein unheilbarer Sonderling.

Das heißt: Individualität lässt sich nicht ausmerzen, obwohl der Druck zur Anpassung heute sehr hoch ist. Noch schlimmer ist der Zwang, ständig etwas Besonderes sein zu müssen.

**Umgang mit Andersheit**

Im nächsten Kapitel[3] schreibt Gilligan über die Beziehung zwischen Unterschieden und über den Umgang mit dem Anderen. Wie gehe ich damit um, wenn jemand anders ist als ich? Grenze ich mich ab, betone ich die Unterschiede – oder versuche ich sie zu verwischen oder zu ignorieren? *Zu fest halten* ist als Methode des Umgangs ebenso ungeeignet wie das Gegenteil, *zu locker halten*.

Wie hält man ein Vögelchen, das sich ins Zimmer verirrt hat und das man wieder ins Freie setzen möchte? Nicht zu fest – man könnte es verletzen; aber auch nicht zu locker – es könnte sich befreien und vergeblich versuchen fortzufliegen, und dann wäre es verstörter und verängstigter als vorher.

Manche Menschen haben die Tendenz, beim Umgang mit Unterschieden immer zu fest zu halten; dahinter stecken Angst und Zorn des Fundamentalismus. Im einfachsten Fall nennen wir solche Menschen zwanghaft.

Andere Menschen halten immer zu locker; dahinter steckt die Oberflächlichkeit und die Beliebigkeit des Konsumdenkens. Auf der Ebene des Diskurses glauben wir, es elegant verhandeln zu können; scheinbar souverän verwenden wir Begriffe wie „Migrationshintergrund“ oder „bildungsferne Schichten“ – aber emotional ist nichts davon verarbeitet. Ursache dafür ist die Kopf/Bauch-Spaltung: Das Großhirn redet über wichtige Themen des Zusammenlebens, aber das Zwischenhirn darf nicht mitreden.

**Das Selbstbeziehungsmodell der Entwicklung von Symptomen**

Das Kognitive Selbst beinhaltet das Bewusstsein, Verstand, Vernunft usw., es entsteht also in der Großhirnrinde; das Somatische Selbst wird in der Mitte des Körpers erlebt, als Körpergefühl, Gleichgewicht, Hunger; außerdem Emotionen, Sympathie und Sensibilität; das Somatische Selbst beinhaltet also auch die Seele.[4] Zugang zu unserem Geist haben wir nur, wenn beide verbunden sind.

Wie werden diese beiden Selbste voneinander getrennt? Zunächst müssen wir schauen, wie sie überhaupt miteinander umgehen. Das ist bei jedem Menschen unterschiedlich; trotzdem lassen sich einige allgemein gültige Aussagen festhalten. Woran kann man erkennen, dass die Beziehung zwischen dem Kognitiven und dem Somatischen Selbst unterbrochen ist oder nicht mehr stimmt? In der Regel identifizieren wir uns mit unserem Denken, dem Kognitiven Selbst – oft auf Kosten des Somatischen Selbst.

Der Körper meldet sich schon, wenn er etwas will. Ja, stimmt. Aber die Seele? Nun, sie schickt körperliche Symptome. Weil sie weiß: Auf den Körper wird gehört. In der Psychosomatik gilt: Ein Symptom muss irgendwo im Körper wehtun, sonst könnte man so gespalten bleiben wie man nur will. Warum sind viele Menschen so verspannt? Warum schlafen sie so schlecht? Essen zu viel, ernähren sich schlecht, rauchen, bewegen sich zu wenig?

Manchmal haben wir den Kontakt zur Seele verloren – sie ist aber noch vorhanden und wartet darauf, wieder mit uns in Kontakt zu kommen!

**Rückkehr aus dem Exil**

Gilligan gibt uns praktische Übungen, die leicht zu lernen und angenehm auszuführen sind. *Playing the body-mind instrument* nennt er diese Übungen der Selbst-Beziehung.[5] Sie führen dazu, sich wieder verbunden zu fühlen, zu Hause anzukommen – wie eine Rückkehr aus dem Exil. Die zentralen Schritte dabei:

- Bewusstes Atmen + Muskelentspannung
- Die Aufmerksamkeit zentrieren
- Die Aufmerksamkeit öffnen

Diese Übungen kommen uns aus Meditation und Entspannungsverfahren bekannt vor; sie gehen aber darüber hinaus.

**Mentorschaft**

Die Mentorschaft des Therapeuten besteht zuallererst darin, dafür zu sorgen, dass Timing, Rhythmus und nonverbale Resonanz stimmen. Sonst ist das Gespräch ein oberflächliches uninteressantes Psychogeplapper. Wenn aber die Worte des Kognitiven Selbst aus dem Somatischen Selbst kommen und damit verbunden bleiben, können die Ergebnisse wirklich kraftvoll sein. Die Schritte, an die der Therapeut sich halten sollte[6] (was leider viele nicht tun):

1. Verbindung mit dem Selbst, der inneren Mitte
2. Verbindung mit dem Klienten aufnehmen
3. Liebevolle Neugier des Therapeuten, die sich z. B. so äußern könnte:
   „In Ihnen erwacht etwas und will ins Leben. Was ist es?"
   (Keine Ziele vorgeben!)
4. Eine Erfahrungswahrheit berühren und halten
5. Richtiges Benennen[7]
6. Ausnahmen, Unterschiede und andere komplementäre Wahrheiten erkennen
7. Selbstverneinende Prozesse identifizieren und in Frage stellen
8. Vielfältige Wahrheiten gleichzeitig halten

Dieser Prozess ist sehr fruchtbar, aber er braucht natürlich seine Zeit. Ein erfahrener Therapeut ist dabei hilfreich, aber nicht erforderlich: Man muss sich seine Zeit nehmen. Es dauert länger, als die Ratio duldet, aber es geht schneller, als sie behauptet. Für diese Übung des Zentrierens braucht man vielleicht eine Stunde, mit etwas Übung weniger; es ist eine Form der Meditation: Sie kostet Zeit, aber der Einsatz lohnt sich.

Wichtig dabei ist, aufmerksam zu sein und sich dem zu öffnen, was sich zeigen will. Es ist ungünstig, eine feste Vorstellung zu haben, was sich da jetzt zeigen soll, oder ein Ziel zu haben, das man erreichen will. Beides blockiert die Heilung.

**Vernachlässigte, marginalisierte innere Anteile**

Es werden sich vernachlässigte Anteile zeigen, zum Beispiel Gefühle, Wünsche, Zustände, die man nicht gern an sich sieht, mit denen man sich nicht identifizieren kann. Vor allem die Ratio ist sehr selbstkritisch mit solchen unreifen, kindlichen, bedürftigen Anteilen. Sie äußern sich als Gefühl und steuern in den Situationen, wo sie auftreten, unser Verhalten stärker als unser Bewusstsein. Beispiele dafür: Kleinlichkeit, Neid, Schüchternheit ... Wir sehen diese Gefühle und Verhaltensweisen nicht gern an uns; sie sind uns unangenehm, wir möchten sie vor anderen verbergen – und vor uns selbst auch. So bekommen diese unreifen, ungeliebten Anteile in uns niemals Kontakt mit menschlicher Wärme und Liebe und können nicht nachreifen: Sowie sie sich zeigen, wenden wir uns ab. Und so zeigen sie immer wieder nur ihre Schattenseite: Sie benehmen sich wie unreife, verstörte Kinder, die niemals ein liebevolles Wort hören, sondern immer nur weggeschoben, gerüffelt oder bestraft werden: Sie reifen nicht, sie bleiben verstört.

Irgendwann werden schwierige, ungeliebte Kinder ins Heim gesteckt, weil niemand mehr mit ihnen fertig wird; dort werden sie wieder an den Rand gedrängt, womöglich landen sie bei den „schwer Erziehbaren“ – und irgendwann sind sie verwahrlost.

In diesem Kapitel beschreibt Gilligan eine therapeutische Möglichkeit der Versöhnung mit solchen ungeliebten Anteilen, die er nach einem buddhistischen Wort „tonglen“ (Geben und Empfangen) benennt. Sie besteht darin, diese eigenen ungeliebten Anteile, das „negative Anderssein“ in sich, liebevoll anzunehmen, ohne es zu bewerten, also ohne es „gut“ oder „schlecht“ oder „o.k.“ zu finden, und mit der eigenen menschlichen Präsenz und Liebe zu berühren. So (und nur so!) kann es sich verwandeln; auf diese Art und Weise kann man sich selbst zum Mentor werden.

So weit der Ansatz der Selbst-Beziehung von Gilligan.

## Vier wichtige Schritte zur Verbindung

Wie stellen wir es an, wieder zu uns zu kommen?

- Der erste Schritt besteht darin, unseren Glaubenssätzen einen weiteren hinzuzufügen: **Veränderung ist möglich.** Sie geschieht aber nicht von selbst! Stattdessen müssen wir uns erwachsen fragen: Und was will ich dafür tun?

- Der zweite Schritt ist schon etwas schwieriger; für ihn müssen wir unser Zeit-Paradigma ändern, von: Zeit vergeht, zu: **Zeit entsteht.**

Das gelingt vielleicht eher, wenn wir zunächst die Metapher für die Zeit ändern: Vom Fluss, der unaufhaltsam fließt, hin z. B. zur Musik, die den Raum erfüllt, anstatt in eine Richtung zu fließen, oder zum Meer, das immer wieder kommt, das Höhen und Tiefen hat, Ebbe und Flut … Also weg von der linearen Zeit, hin zur zyklischen Zeit. Wer würde beim Erklingen von Musik versuchen, sie anzuhalten, weil sie sonst nicht wiederkommt? Wer würde vom „knappen Lebensgut Musik" sprechen? Oder die Metapher der Atmung: Wer würde sie anhalten wollen, nur weil sie nie wiederkommt?

- Drittens sollten wir uns bewusst sein, wie viel von der kriegerischen Sprache der Zeitmanagement-Strategien wir benutzen, wie z. B. unter Kontrolle bekommen, abgrenzen, bekämpfen, überwinden, beherrschen (z. B. Fremdsprachen beherrschen), Computer aufrüsten … und wie viele digitale Begriffe wir benutzen, die immer wieder Polarisierungen auslösen, auch wenn es um etwas ganz anderes geht, Begriffe wie z. B. richtig/falsch, entweder/oder, ganz oder gar nicht, abschalten … (was abschalten? Sich selbst? Den Stress? Seinen Herzschlag? Oder seine Glaubenssätze?).

Achten Sie darauf, diese Sprachmuster immer weniger zu verwenden; denn wenn wir sie benutzen, wirken sie auf unser Unbewusstes und versetzen uns in den „Kriegs"-Zustand.

- Viertens sollten wir uns vom *Konkurrenzmodell* verabschieden: Einer von beiden gewinnt. Einer von beiden hat recht, der Stärkere setzt sich durch. Dieser vierte Schritt scheint der schwierigste zu sein. Im Moment sieht es aber eher so aus, als würde dieses Modell noch mehr an Boden gewinnen.

Dafür steht die Metapher des Kuckucks:
Der Kuckuck schlüpft im fremden Nest. Da er schneller wächst als die anderen Küken, den Schnabel am weitesten aufreißt, bekommt er auch das meiste Futter. Bald ist er kräftig genug, die anderen Küken aus dem Nest zu werfen, was er ohne Zögern tut. Die Eltern füttern emsig das einzig verbliebene Küken weiter, ohne zu ahnen, dass es nicht ihres ist. Die Spezies Kuckuck ist damit sehr erfolgreich – der Gewieftere trickst die anderen aus. Es sollte uns aber zu denken geben, dass es unter den Wirbeltieren die einzige Spezies ist, die in dieser Weise für ihr Überleben sorgt. Wenn die Strategie so erfolgreich ist, dass es eines Tages nur noch Kuckucke gibt, in welche Nester sollen sie dann ihre Eier legen? Lediglich bei Insekten ist es weit verbreitet, in größeren Spezies zu schmarotzen. Sie stehen auf einer anderen biologischen Stufe als ihr Wirt; dadurch ist die Konkurrenz nicht symmetrisch, und beide Spezies können überleben.

Leider scheinen sich viele Menschen am „Modell Kuckuck“ zu orientieren, so dass dieses in unserer Kultur weit verbreitet ist: Ein Teil setzt sich auf Kosten der anderen durch. Es setzt sich derjenige durch, der das Glück hat, stärker und rücksichtsloser zu sein, oder gewiefter und raffinierter, was uns die Banken- und Wirtschaftskrise beschert hat; oder in der Demokratie derjenige, der im Moment der Abstimmung die Mehrheit hinter sich hat; wenn in einer Gruppe von zwölf Personen acht für AB sind und vier für BC, dann ist es leicht für die aus der größeren Gruppe, zu sagen: „Lasst uns doch einfach abstimmen!“ Dann macht die Gruppe AB, und BC fällt unter den Tisch, geht also verloren.

In einer Diskussion hört man im Allgemeinen nicht dem anderen zu, um ihn zu verstehen, sondern denkt daran, was man als Nächstes sagen wird, wenn der andere nicht mehr redet – um sich dann selbst durchzusetzen. Die Physiologie des Körpers, die Atmung, die Spannung der Muskulatur ist dabei auf Zweikampf eingestellt, und damit auch die Wahrnehmung und das Denken; für bestimmte Anteile unseres Nervensystems ist Diskussion so etwas wie Nahkampf, ähnlich wie eine Prüfung, von der viel abhängt: Jetzt bloß keinen Fehler machen! Sonst bist du draußen.

Eine Diskussion endet meist mit einer Abstimmung, d.h.

mit dem Verlust der unterlegenen Ansicht. Das macht nur in den Kontexten Sinn, wenn eine Entscheidung getroffen werden muss, z.B. welches Auto man sich gemeinsam anschafft oder ob die Familie in die Berge fährt oder ans Meer; hier ist die Gemeinsamkeit des Urlaubs wichtiger als das Reiseziel. Wenn niemand von seiner Meinung abrückt und der Mehrheitsentscheid nicht akzeptiert wird, dann fährt meist jeder für sich. Immer wenn es um gemeinsame Interessen geht, hat man die Pflicht, für seine Ansicht zu werben, um die anderen zu überzeugen. Wenn man nie berücksichtigt wird, dann macht man sich bald auch nicht mehr die Mühe, seine eigene Meinung gründlich zu prüfen; wenn man genug Macht hat, sie durchzusetzen, auch nicht.

Einen Konsens kann man nur im Dialog finden. Wenn es um gemeinsame Interessen geht, sollten wir mehr miteinander sprechen und weniger gegeneinander. Natürlich ist es sinnvoll, seine Position zu verdeutlichen, bevor man nach einem gemeinsamen Nenner sucht. Wenn aber die politische Talkshow, die uns die Unvereinbarkeit gegensätzlicher Standpunkte täglich vor Augen führt, als Modell für Gespräche z.B. in der Ehe dient, haben wir ein Problem: Hier gibt es keinen Moderator, keine Fernsehkameras, die uns zur Einhaltung menschlicher Umgangsformen mahnen, und das Gespräch kann schnell eskalieren; man sucht keinen Konsens, sondern gleitet ab in die Diskussion, bei der man versucht, Recht zu behalten, und findet sich schließlich im verbalen Schlagabtausch wieder, im Nahkampf, im Krieg. Dabei wird der/die weniger Kampferprobte schnell verletzt oder gedemütigt, auf Kosten der Beziehung.

Ebenso wie bei einer Gruppe oder in einer Beziehung verläuft dieser Prozess im Individuum. In der „Abstimmung“ bei einem inneren Konflikt gewinnt im Allgemeinen der Kopf, der Wille, die Ratio, gegen die unbewussten Anteile der Seele. Wir identifizieren uns mit unserem Denken, unseren Zielen, unserem Wollen. Wie frei ist der Wille aber wirklich? Wo ist der Sitz des Ich? Gibt es einen Unterschied zwischen Ich und Selbst?

Das Ich mit all seinen Facetten, die zentrale Instanz, die alle Wahrnehmungen und Erlebnisse empfängt, steuert und bewertet, scheint im Kopf zu sitzen – tut sie es wirklich? Diese

Frage ist uns bereits im letzten Kapitel begegnet, und sie ist immer noch unbeantwortet:

Ich denke, ich handle, ich fühle, ich esse, ich ärgere mich über mich selbst – immer derselbe, oder jedes Mal ein anderer namens „Ich“? Aus wie vielen „Ichs“ bestehen wir denn? Gibt es eine Haupt-Identität, ein zentrales Ich? Zumindest scheint es einen inneren Anteil zu geben, der sich diese Rolle anmaßt: Der „Kommandant“ im Kopf sagt zum Körper: „Tu dies! Tu das! Iss deinen Teller leer! Konzentrier dich! Schlaf jetzt!“ Oder das Gegenteil davon: „Steh auf! Beweg dich! Mach mehr Sport! Hör auf zu essen!“ Aber der Körper tut es einfach nicht. Der Kommandant befiehlt, aber die Rekruten verweigern die Gefolgschaft, sie meutern. Viele haben im Laufe ihres Lebens etliche Tricks gelernt, wie sie Anweisungen „von oben“ umgehen können, ohne dass jemand etwas merkt.

Manche haben dann ein schlechtes Gewissen, andere nicht. Bei manchen läuft ständig ein innerer Dialog, wobei eine der beiden Stimmen wie der Vater (oder die Mutter) klingt, der zum Sohn (oder die zur Tochter) sagt: „Ich ärgere mich über dich! Du hast wieder nicht getan, was ich dir gesagt habe!“

Das Denken steht in der Tradition der Kultur und der Erziehung; das Ich, das *Ego*, sitzt im Kopf, und das (Gewohnheits-)Denken folgt den Regeln der Erziehung, der Kultur, der Eltern. Selbst wenn man seine Eltern verteufelt und sich schwört: „Nie werde ich wie meine Eltern!“, selbst dann trägt man sie doch immer bei sich, da sie sich längst verewigt haben im Denken ihrer Kinder, deren freier Wille nicht wirklich frei ist – die Strukturen des Denkens und seine Muster folgen den Vorgaben der Eltern, auch wenn die Inhalte des Denkens sich von denen der Eltern distanzieren. Auch hier begegnen uns wieder die Meme ...

Wie unterscheiden sich Geist und Denken? Wie unterscheiden sich Denken und Gewohnheitsdenken? Wann sind „Ich“ und „Selbst“ miteinander verbunden? Woran erkennt man das? Diese Entscheidung sollte man nicht dem Denken überlassen, das findet sich immer kompetent. Ähnlich wie man in jedem Traum, und sei er noch so bizarr, glaubt, man wäre wach.

Wie bringt man nun die beiden wieder zusammen, wie kommt man zu sich? Hier ist eine echte Vermittlung empfehlenswert. Aber wie? Das Selbst, die menschliche Seele, sie hat keine Stimme – sie spricht eine andere Sprache! Aber welche? Gibt es einen Raum im Menschen, einen Ort, wohin sich die Seele geflüchtet hat, so wie das Ich sich zum Denken in den Kopf geflüchtet hat wie bei Sturmflut? Ja, in die Mitte des Körpers. Dort ist sie unbeschädigt. Unterschiedliche Kulturen haben diese Mitte, das innere Zentrum, den Zufluchtsort der Seele des Menschen in unterschiedlichen Körperregionen lokalisiert.

In einem Seminar hörte ich die Metapher von den *five wise jewish guys*, die als Vertreter ihrer jeweiligen Kultur ein unterschiedliches Zentrum für den Menschen beschreiben.

Der erste dieser fünf weisen Juden war Moses, der sagte: „Das Zentrum des Menschen ist der Kopf. Wenn du immer die 10 Gebote im Kopf hast und befolgst, kannst du nichts falsch machen: Befolge die Anweisungen, die du dort findest." Die Instanz war hier außerhalb des Menschen: Die 10 Gebote kommen von Gott.

Der zweite war Jesus Christus, der sagte: „Die Mitte des Menschen ist das Herz. Wenn das Herz deine handlungsleitende Instanz ist, wenn du immer der Stimme deines Herzens folgst, dann bist du wirklich ein Mensch."

Der nächste war Karl Marx, der sagte: „Die Mitte des Menschen ist der Bauch. Mit leerem Bauch ist der Mensch kein Mensch, und nur die Wut über seinen ewig leeren Bauch kann ihn dazu bringen, endlich für seine Menschenrechte zu kämpfen." Damit ist Marx gar nicht so weit entfernt von der buddhistischen Tradition, die ebenfalls den Bauch als Zentrum des Menschen ansieht, nur dass Marx die Wut im Bauch und damit den Krieg mit einführt. Auch von den griechischen Philosophen ist er nicht weit entfernt, nur dass er den vollen Bauch für alle Menschen fordert, nicht nur für die Gebildeten und Aristokraten.

Der vierte war Sigmund Freud, der die Mitte des Menschen noch ein Stück unterhalb des Bauches lokalisierte: die sexuelle Libido als wesentliche Triebkraft des Menschen, die hinter allem steht, was man tut. Jegliches Handeln eines Menschen, jede Motivation lässt sich nach Freud auf die sexuelle Begierde zurückführen.

Als fünfter und vorerst letzter in dieser Reihe muss wie so

oft Albert Einstein herhalten, der gesagt haben soll: „Alles ist relativ."

Als möglichen sechsten denke ich gern an Moshe Feldenkrais, einen der bedeutendsten Körpertherapeuten des letzten Jahrhunderts, der sagte:

> Du bist dann zentriert, wenn du spürst,
> wo dein Gewicht ist.

Feldenkrais war meines Wissens der Einzige, der in seiner Sprache keine Kriegsmetaphern benutzte, es gab kein Richtig und Falsch in der Haltung und Bewegung wie bei allen anderen Körpertherapeuten, von Turnvater Jahn bis Wilhelm Reich.

Zu sich selbst zu finden, ist vor allem ein körperlicher Prozess. Wir brauchen ein inneres Gleichgewicht, ein Gefühl für das Selbst. Das Denken allein führt uns eher nicht dort hin. Das ist kein Plädoyer für die Verdummkopfung! Dummheit ist keine Lösung, aber Denken leider auch nicht: Wenn es Probleme gibt, z. B. Schlaflosigkeit, Depressionen, Übergewicht, Alkoholismus oder Phobien, dann liegt das meist nicht am fehlerhaften Denken oder an mangelnder Vernunft, sondern am fehlenden inneren Gleichgewicht. Man kann die Probleme der Seele nicht durch Denken lösen, und sei es auch noch so logisch und differenziert. Problemfixierte Gedanken sind Begleiterscheinung eines inneren Ungleichgewichts, nicht die Ursache, sondern eher eine Art Kommentar.

Das Gleiche gilt für psychosomatische Symptome: Jedes Symptom ist eine Emergenz, eine Verdeutlichung der Seelennot, ist die Stimme eines vernachlässigten inneren Anteils, der sich über diese Vernachlässigung beklagt. Jedes psychosomatische Symptom, das wir haben, ist also ein Beweis dafür, dass unsere Seele noch lebendig ist – sonst würden wir gar nichts spüren und könnten so gespalten bleiben wie wir nur wollen. Einiges von dem, was sich als Geist ausgibt, ist nur Gewohnheitsdenken (... das nächste Mem!). Jedes Wissen, jede Bewertung, jede Klassifizierung kann auch falsch sein, zum Beispiel eine Trübung aus dem Kindheits-Ich oder aus dem Eltern-Ich. Den Krieg als „Normalzustand" anzusehen, wird kulturell weitervererbt, über das Denken. Das wird möglich, da das Denken keine unmittelbare Rückmeldung aus der Natur bekommt, wie etwa das Hinfallen beim Laufenlernen; wenn man die Verbindung zu den Sinnen verloren hat, macht das Denken, was es will. Der Körper dagegen kann nicht „tricksen“, er unterliegt der unmittelbaren Rückkopplung mit der Natur. Sinnlichkeit ist daher ein geeignetes Prüfkriterium für die Schlüsse des Denkens.

Dazu fällt mir eine traurige Anekdote ein: Ein japanischer Soldat verteidigte Jahre nach Ende des Zweiten Weltkriegs noch immer seine kleine Insel, weil das sein Befehl war; er glaubte, es sei immer noch Krieg, obwohl er seit Jahren keine Kriegsschiffe mehr gesehen und keinen Gefechtslärm mehr gehört hatte. Er folgte seinem Befehl, nicht seiner Wahrnehmung, und man hatte schlicht vergessen, ihm Bescheid zu sagen: Der Krieg ist aus! Entdeckt wurde er, weil er auf ein Fischerboot schoss, das sich in seine Nähe verirrt hatte – Anfang der siebziger Jahre.

Wie können wir den Anteilen in uns, die glauben, es sei Krieg, und sich auch so verhalten, die Botschaft zukommen lassen: **Der Krieg ist vorbei!**?

Gegenfrage: Ist er denn überhaupt vorbei? Oder wollen die Symptome uns eine Botschaft zukommen lassen? Jedes Symptom kündet von einem Wunsch nach Veränderung, ist ein Kontakt mit dem Traumkörper.[8] Jedes Symptom ist ein Appell: Die Regeln im Kopf, denen das Denken folgt, sind nicht gerecht, die Aufmerksamkeit ist nicht angemessen verteilt, irgendetwas Wichtiges hast du noch nicht berücksichtigt. Dieser Appell kommt von der Seele, aus unserer inneren Mitte, und er kommt nicht in einer sprachlichen Form; er muss Diskussionen vermeiden, da er hier unterliegt.

Wir brauchen Rituale zur Wiedervereinigung von Körper und Geist, zur Verbindung des Kognitiven Selbst mit dem Somatischen Selbst. Nur wenn das Denken nicht abgekoppelt ist von der Sinnlichkeit, kann der Geist sich entfalten.

Wie soll das gehen, in der heutigen Zeit, in dieser feindlichen Umgebung? Für so etwas habe ich keine Zeit!, ist eine häufige Ausrede. Tatsächlich scheint unsere Zeit eher den

Fundamentalismus zu begünstigen. Doch gerade in eine Welt voller Krieg, Konkurrenz und Gewalt müssen wieder Werte menschlicher Kultur und humanistischer Geist importiert werden – wir brauchen sie gerade heute mehr denn je.

Weder Gegengewalt noch Nachgeben, sondern menschliche Werte sind das wirksamste Mittel gegen die Gewalt des Fundamentalismus, gegen die Vorherrschaft von Macht, Gewalt und Krieg.

Menschen, die uns gezeigt haben, wie das geht, sind z. B. Mahatma Gandhi, Victor Frankl, Nelson Mandela und der Dalai Lama. Sie haben nicht gewartet, bis die Welt von selbst friedlicher wurde, sondern haben mitten im Krieg begonnen, menschlich zu handeln. Sie haben ihren Mut und ihre Kraft auch daraus gewonnen, dass sie liebevoll, aufrecht und fair mit sich selbst umgingen und sich so erhobenen Hauptes der feindlichen Welt stellen konnten.

> Niemand kann mir meine Würde nehmen
> außer mir selber.
>
> *Mahatma Gandhi*

Auf die Frage, was er von der westlichen Zivilisation hielte, soll Gandhi geantwortet haben: „Ich denke, das wäre wirklich eine ausgezeichnete Idee!"

Alle Versuche, erst die „Gesellschaft zu retten", oder sie wenigstens zu verbessern, um dann endlich sich selbst entfalten zu können, sind gescheitert. Es funktioniert nur anders herum: Wir müssen bei uns selbst beginnen.

## Heilsame Rituale

Es geht um Verbindung, und die beginnt im Individuum. Für die Wiedervereinigung mit sich selbst geeignet sind Tätigkeiten, Rituale, die die zerstrittenen inneren Anteile wieder versöhnen und unseren Geist mit dem Körper und dem Denken wieder verbinden. Am schönsten ist es, solch ein Ritual mit einem Zweiten zu teilen, gemeinsam zu erleben. Erotik ist ein solches Ritual, Hypnose ebenso; ein Gottesdienst, ein Essen zelebrieren, ein Chorgesang; Indianer haben früher die

Friedenspfeife geraucht. Drogen sind für Rituale entwickelt worden, heute werden Drogen konsumiert – unter anderem, weil es unserer heutigen Kultur an gemeinsamen Ritualen mangelt.

Andererseits ist es oft hilfreich, wenn man derartige Rituale auch allein ausführen kann, also nicht unbedingt eines zweiten Menschen dazu bedarf. Möglichkeiten dafür sind z. B. ein Gedicht hören, es rezitieren oder schreiben; jede Art von Poesie; sich in die Wahrnehmung von Natur oder Kunst vertiefen; oder noch besser aktiv: ein Bild malen, singen, tanzen oder andere künstlerische Rituale.

Schauen Sie einmal einem Musiker oder Künstler bei der „Arbeit" zu: Er ist in seine Kunst vertieft, und damit in sich selbst. Noch einmal: Es geht nicht um Spitzenleistungen, es geht um Verbindung mit sich selbst. Die Auswirkung auf den inneren Seelenfrieden ist in beiden Fällen die gleiche, ob man es als Hobby betreibt oder so gut, dass man damit sein Geld verdient. Schließlich können wir nicht alle Künstler sein.

Das Gegenteil dieser inneren Verbindung ist z. B. das Fernsehen – ein Versuch, durch „Abschalten", das heißt durch Passivität, diesem Nützlichkeits-Wahn zu entfliehen: Man gibt seine Aufmerksamkeit her, man lässt sich fesseln oder berieseln. In der Eisenhower-Graphik (S. 67 bzw. 69) findet sich Fernsehen in Quadrant 4 wieder: Man schaltet (sich) ab, man ist von sich selbst abgelenkt; daher ist es weit verbreitet, beim Fernsehen zu essen, zu „knabbern": Das stellt die innere Verbindung wieder her, zumindest die zum Körper.

Es ist der Zwang zur Nützlichkeit, der uns heute von uns selbst entfremdet: Man will (so wird erwartet) nur Dinge tun, die irgendeinem Zweck dienen, die für irgendetwas nützlich sind. Wenn man sich zwingt zu joggen, um abzunehmen, es aber nicht gerne tut, dann ist man wieder im inneren Konflikt und kämpft gegen sich selbst. Es ist daher sehr wichtig, etwas zu finden, das einem Freude macht.

Auch Wandern, Joggen oder Schwimmen und einige andere Tätigkeiten sind hilfreich, wenn man sie mit einem spielerischen und freien Geist ausführt und nicht zweckgebunden mit allzu viel Ehrgeiz. Der Sinn eines solchen Rituals liegt immer darin, sich selbst aktiv eine Freude zu bereiten, nicht nur passiv!

Bei solchen Tätigkeiten löst sich die Maske des Ego und man bekommt wieder Kontakt zu sich selbst. In diesen Momenten ist man mit sich verbunden, Herz und Kopf sprechen dieselbe Sprache, das Denken im Tempo der Atmung. Diesen Zustand kann man tatsächlich nicht festhalten, aber man kann immer wieder zu ihm zurückkehren, hundertmal am Tag. Ab sofort.

Wir können überhaupt nicht denken,
ohne unsere fünf Sinne zu gebrauchen.
*Albert Einstein*

Das heißt nicht, das Denken auszuschalten – im Gegenteil. Wir müssen noch nicht einmal die Vorherrschaft des Kopfes beenden, lediglich seine Alleinherrschaft, da sie allzu oft in Tyrannei ausartet. Nur wer mit sich selbst verbunden ist, seinen Körper und seine sinnliche Wahrnehmung spürt, kann wirklich geistreich sein. Nur wer mit sich selbst verbunden ist, kann gut allein sein oder anderen Menschen begegnen und mit ihnen wirklich in Kontakt kommen; um sich und andere zu bereichern, vielleicht um sich auszutauschen, um Intimität und Nähe zu erleben, sich nach Herzenslust zu streiten, um feierliche Rituale und die Fülle des Lebens zu genießen.

# Resümee

Zu Beginn hatte ich Ihnen versprochen, einen Weg aufzuzeigen,

> (...) wie wir uns aus diesem inneren Konflikt befreien können, ohne dass wir uns aus dem täglichen Leben zurückziehen müssen; Rückzug ist eine Taktik, die aus der Kriegsführung stammt! Wie können wir unseren Alltag bewältigen, unser Tagewerk und unsere Pflichten erledigen, Leistung zeigen, ohne dabei in Stress zu geraten?

Dieser Weg sind die heilsamen Rituale. Mit ihrer Hilfe können wir unseren Selbstbezug immer wieder herstellen und damit einen großen Teil unserer inneren Konflikte auflösen. Die Folgen davon sind innere Ruhe, Konzentrationsfähigkeit und eine verbesserte Gesundheit. Ich sage mit Absicht nicht: verbesserte Leistungsfähigkeit. Obwohl das zutrifft! Der Grund dafür, es nicht so zu sagen, ist, dass wir das vor allem für uns selbst tun sollten, aus Freude am Leben, an uns selbst und an der Sache, und nicht um unsere Funktion besser ausfüllen zu können. Rituale sind kein Doping! Sie fördern den inneren Prozess der Reifung und Entwicklung – für sich selbst, für niemand sonst!

„Ratgeber"-Literatur dagegen bezieht sich immer auf den äußeren Prozess der Anpassung, der Optimierung, dem „Funktionieren", und sie drängt den inneren Prozess der Entfaltung, der Ästhetik, des „wirklichen" Lebens an die Seite. Wenn der Ratgeber empfiehlt: *Mach regelmäßig eine Pause!*, dann meint er damit eine Pause, die der Wiederherstellung der Arbeitskraft dient und der Leistungssteigerung.

Mein Ziel mit diesem Buch ist es, den inneren Prozess zu fördern: Eine Pause sollte besser dazu dienen, zu sich zu kommen, um zu spüren: Was tue ich eigentlich und wozu tue ich es? Bin ich das wirklich, oder spiele ich eine Rolle in einem Spiel, das nicht mein eigenes ist?

Ist das Ziel, das ich verfolge, wirklich mein eigenes Ziel, oder renne ich etwas hinterher, was mir von außen aufgedrückt wurde, oder das ich übernommen habe, ohne zu hinterfragen, ob es mir etwas bedeutet? Ein Fremdziel?

Am weitesten verbreitet ist es heute, dem „Erfolg" hinterherzulaufen; diejenigen, denen es gelingt, Erfolg zu haben, sind schlimm dran, weil sie beginnen, sich mit ihrem Handeln und ihrem Erfolg zu identifizieren – und kommen nie wieder davon los. Irgendwann bekommen sie psychosomatische Symptome und können es nicht fassen, wieso man ihnen das antut.

Ihnen geht es nicht besser als denen, die gescheitert sind, die aussortiert wurden und akzeptieren, dass sie als nutzlos, hilflos und überflüssig angesehen werden – und sich nun versorgen lassen. Ausstieg ist aber keine Lösung! Man flüchtet sich in Ablenkung und Zeitvertreib, lebt vor sich hin; irgendwann vegetiert man nur noch.

Zum Glück gibt es einen dritten Weg: Wir haben die Möglichkeit, ein erfülltes Leben zu führen. Ein gesunder Geist in einem gesunden Körper kann gar nicht anders! Sinnvolles Tätigsein, Ehrfurcht vor dem Leben, vor der Natur. Dafür brauchen wir eine reife, erwachsene Liebe – in uns selbst! Sie kommt nicht von außen, wenn sie nicht schon in uns ist. Wir haben diese Möglichkeit, und wir sollten sie nutzen.

Wenn Ihnen dieses Buch eine Hilfe ist, Ihren Weg zu finden, hat es seinen Zweck erfüllt.

# Anmerkungen

Essen als Metapher –
für unseren Umgang mit der Welt und unseren Umgang mit uns selbst

1 Vor Kurzem feierte die Atkins-Diät ihre Wiederauferstehung, die das Gegenteil propagiert: Sie enthält beliebig viel Fett und Eiweiß, aber keine Kohlenhydrate; es handelt sich um einen weiteren Versuch, den Körper und seine Bedürfnisse auszutricksen. Man verliert schnell an Gewicht, aber ebenso schnell an Gesundheit.

Polarisierung

1 Paul D. MacLean, *The triune brain in evolution,* New York 1990.
2 Nach: Pschyrembel, *Klinisches Wörterbuch*, de Gruyter Verlag.
3 Gregory Bateson: Kriterien des geistigen Prozesses, S. 162, in: *Geist und Natur*, Suhrkamp 1993.
4 Es sind in allen Lebenssituationen immer beide Hemisphären aktiv, es gibt hier kein Entweder/Oder; die Zusammenarbeit der Hemisphären ist also nicht digital gesteuert, sondern analog. Es geht um ein mehr oder weniger, um ein Gleichgewicht – oder eben ein Ungleichgewicht.
5 Sehr gut beschrieben im Buch von Christian de Duve: *Die Zelle*, Spektrum Akademischer Verlag 1984.

Konkurrenz – die bürgerliche Variante des Krieges

1 Eric Berne: *Games people play*, Grove Press, NY, 1964; deutsch: *Spiele der Erwachsenen*, rororo 1967/1995.

Scheinbare Auswege aus der Polarisierung

1 Stephen Karpman: *Fairy Tales and Script Drama Analysis*, in: Transactional Analysis Bulletin 7: 39–43, April 1968.
2 Eric Berne: *Was sagen Sie, nachdem Sie „Guten Tag" gesagt haben?*, S. 167, Kindler Verlag 1975.
3 Ian Stewart, Vann Joines: *TA today*, deutsche Ausgabe: *Die Transaktionsanalyse*, Herder 1990.

Der Kampf gegen die Zeit

1 Stephen Covey: *Die sieben Wege zur Effektivität*, Campus 1992.
2 Robert Ornstein, *Die Psychologie des Bewusstseins*, Fischer Taschenbuch 1976.
3 Gregory Bateson, *Geist und Natur*, Suhrkamp 1979, S. 147–149.
4 Bertrand Russell, Alfred North Whitehead: *Principia Mathematica*, Cambridge 1910–1913.
5 Alfred Korzypski: *Science and Sanity*, Non-Aristotelian Library 1935.
6 Gregory Bateson: Die logischen Ebenen von Lernen und Kommunikation, S. 362–399, in: *Ökologie des Geistes*, Suhrkamp 1975.
7 Robert Dilts: *Beliefs – Pathways to Health and Well-Being*, Metamor-

phous Press 1990. Deutsch: *Identität, Glaubenssysteme und Gesundheit*, Junfermann 1991.

8 Francisco Varela: *Kognitionswissenschaft*, Suhrkamp Taschenbuch 1990.

9 Robert Ornstein, *Die Psychologie des Bewusstseins*, Fischer Taschenbuch, 1976, S. 15–30.

10 Dazu können wir sagen: Die meisten Menschen leiden nicht an einer Verkalkung der Arterien, sondern an einer Verkalkung der Kategorien.

11 Noam Chomsky: *Sprache und Geist*, Suhrkamp 1999.

12 Jerrold Katz: *Philosophie der Sprache*, Suhrkamp 1969.

13 Thomas Kuhn: *Die Struktur wissenschaftlicher Revolutionen*, Suhrkamp 1967.

14 Susan Blackmore: *Die Macht der Meme*, Spektrum Akademischer Verlag 2000, Lizenzausgabe WBG.

15 Richard Dawkins: *Das egoistische Gen*, Spektrum Akademischer Verlag 1994.

16 Gregory Bateson, *Geist und Natur*, Suhrkamp 1987, S. 150–153.

17 Mihaly Csikszentmihalyi: *Das* flow-*Erlebnis*, Klett-Cotta 1999.

18 Stephen Covey: Prinzipien des persönlichen Managements, S. 139, in: *Die sieben Wege zur Effektivität*, Heyne Verlag 2000.

### Entwicklungsprozesse, Ich-Zustände, Interaktionen

1 Gregory Bateson: *Geist und Natur – eine notwendige Einheit*, Suhrkamp 1993, S. 220–223.

2 Dieses „Ansteuern eines festen Ziels" erinnert an die *causa finalis*, die Aristoteles eingeführt hat; bei Lebewesen wird dieser Prozess durch Kommunikation der Körperzellen untereinander gesteuert.

3 Das Körpergewicht prinzipiell auch; das Übergewicht, das so mancher mit sich herumträgt, ist allerdings stärker die Folge eines äußeren Prozesses als eines inneren.

4 Was in der Tierwelt nicht vorkommt, sondern nur beim Menschen.

5 Griechische Volksweisheit

6 Definition: Wenn eine Abfolge von Ereignissen eine Zufallskomponente mit einem selektiven Prozess verbindet, so dass nur gewisse Ergebnisse des Zufälligen bestehen bleiben, dann nennen wir diese Ereignisfolge stochastisch.

7 Die ZEIT Nr. 45 vom 4.11.2010, S. 39/40, in der Rubrik „Wissen". Artikel mit der Überschrift: „Die Not ist riesengroß". Für Michael von Aster „[...] verstärkt, ja produziert die heutige Schule erst die Versagenserfahrungen und Verletzungen der Schüler, die sie nun helfen soll, zu heilen". Er spricht von „strukturellen Merkmalen, die die Kinder schädigen", und meint damit Noten, das frühe Verteilen auf verschiedene Schulformen, den Druck, der von Leistungsmessungen wie Pisa ausgeht [...]".

8 Zehntausende amerikanischer Kinder lernen bereits im Kindergarten Chinesisch.

9 Bateson spielte in den 60er- und 70er-Jahren des letzten Jahrhun-

derts eine wichtige Rolle an den Universitäten von Kalifornien; seine Aussagen gelten ebenso für unser heutiges Schulsystem.

[10] Ian Stewart, Vann Joines: *Die Transaktionsanalyse*, Herder 1994.

[11] Gregory Bateson: *Geist und Natur – eine notwendige Einheit*, Suhrkamp 1987. Im Kapitel „Von der Klassifizierung zum Prozess" beschreibt er die Ergebnisse seiner Feldforschung in Neuguinea; dort hat er den Eingeborenenstamm der Iatmul beobachtet. Ihn interessierte weniger die Frage: Worin unterscheidet sich diese primitive Kultur von der unsrigen?, als vielmehr: Wie beeinflusst das Verhalten der Männer das Verhalten der Frauen und umgekehrt? So kam er von einer Klassifizierung der Kultur einer Rasse (Identitäts-Ebene) über eine Typisierung des individuellen Verhaltens zu einer Typologie der Prozesse. Interessant ist, dass diese Regeln in unserer Kultur genauso gelten; sie werden vom Zwischenhirn bestimmt und sind daher unabhängig von der jeweiligen Kultur.

Kontakt zur eigenen Mitte – und die Folgen ihres Verlustes

[1] Stephen Gilligan: *The Courage to Love – Principles and Practices of Self-Relations Psychotherapy*, Norton & Co, New York/London, 1997. dt: *Liebe dich selbst wie deinen Nächsten*, Carl Auer Verlag 1999.

[2] Viktor Frankl: *Gesammelte Werke*, Teilband 2: Psychologie des Konzentrationslagers / Synchronisation in Buchenwald / Ausgewählte Texte 1945–1993. Herausgegeben von A. Batthyany, K.-H. Biller und E. Fizzotti. Böhlau 2006.

[3] Stephen Gilligan: *Liebe dich selbst wie deinen Nächsten*, Carl Auer Verlag 1999, S. 154–159, 164–187.

[4] Hans Selye: *Einführung in die Lehre vom Adaptationssyndrom*, Thieme 1953.

[5] Teil des Zwischenhirns. Der Hypothalamus reguliert das Autonome Nervensystem und steht seinerseits unter dem Einfluss des Limbischen Systems, welches Emotionen verarbeitet.

[6] Etwa: Wenn die Vorgänge schwierig werden, kommen die Tüchtigen in die Gänge.

[7] In: *Ökologie des Geistes*, S. 353–361. Gregory Bateson, Suhrkamp 1985.

[8] Richard Sennett: *Der flexible Mensch – Die Kultur des neuen Kapitalismus*, Berlin Verlag 1998.

[9] René Descartes: *Discours de la méthode pour bien conduire sa raison*, Leyden 1637.

[10] *Cogito* wurde damals übersetzt mit: Ich bedenke, ich überlege, ich erkenne, ich bin darauf bedacht. Das ging für Descartes über das einfache „Denken" hinaus!

[11] Antonio Damasio: *Descartes' Irrtum*, List Verlag 2004.

[12] Antonio Damasio: *Ich fühle, also bin ich*, List Verlag 2001.

[13] Platon: Das Gastmahl, in: *Sämtliche Werke* Band 1, S. 657–727, WBG 2004.

[14] Siehe Eva Koethen: *Annäherungen an Kunst im Bildungsprozess*, S. 64, Hamburg 2001.

Aufheben der Spaltung und Wiederverbindung

[1] Stephen Gilligan: *Liebe dich selbst wie deinen Nächsten*, Carl Auer Verlag 1999, S. 14ff.

[2] Ebenda, S. 23–52.

[3] Ebenda, S. 53–73.

[4] Ebenda, S. 74–99.

[5] Ebenda, S. 103–128.

[6] Ebenda, S. 129–160.

[7] Es geht dabei nicht um eine wissenschaftliche Klassifikation oder distanzierte Etikettierung.

Kleine Kinder wissen zunächst nicht, wie sie ihre Grunderfahrungen von Hunger, Müdigkeit, Wut und Einsamkeit usw. benennen sollen. Wenn sie solche Zustände und die damit verbundenen Wünsche erleben, reagieren sie spontan: Sie schreien, maulen, jammern und so weiter. Das ist genau die gleiche nicht unterstützte Energie, die erwachsene Klienten in ihren Symptomzuständen zum Ausdruck bringen. Wir müssen uns dann fragen: „Was für ein Zustand (Hunger, Müdigkeit, Einsamkeit) braucht jetzt unsere Aufmerksamkeit?"

Wir haben die Tendenz, Dinge zu bewerten, anstatt sie zu beschreiben, was leider auch für Gefühle gilt. Auf die Frage: „Wie fühlst du dich jetzt?", kommt oft die einfache Antwort: „Gut!" – „Ja, aber ich meine, wie fühlt sich das an? Wo spürst du das Gefühl?" – „Na, es fühlt sich gut an, so angenehm. Ich spüre es einfach."

Durch diese generalisierenden Bewertungen geht ein großer Teil der Individualität und Einzigartigkeit verloren. Durch richtiges (sinnesspezifisches) Benennen hätte man eine sehr viel klarere Vorstellung davon, was genau es ist, was man erlebt, und wäre vertrauter mit dem guten Gefühl, man würde es noch steigern und intensiver erleben. Das könnte dann so klingen: „Es ist eine Leichtigkeit in mir und gleichzeitig eine Festigkeit. Es fühlt sich an wie ein Strahlen in meinem Bauch."

Bei negativ erlebten Gefühlen hat generalisierendes Bewerten noch mehr Nachteile: Durch das Verallgemeinern und Bewerten steigert man sich hinein und verschlimmert sie, vor allem durch Wörter wie *immer* oder *nie*, z. B. in dem Satz: „Nie hörst du mir zu!"

[8] Arnold Mindell: *The Dreambody: Krankheit und Individuation*, Bonz Verlag 1985.

# Bibliographie


Gregory Bateson: *Geist und Natur*, Suhrkamp 1993.
Gregory Bateson: *Ökologie des Geistes*, Suhrkamp 1975.
Eric Berne: *Spiele der Erwachsenen*, rororo 1967/1995.
Eric Berne: *Was sagen Sie, nachdem Sie „Guten Tag“ gesagt haben?*, Kindler Verlag 1975.
Susan Blackmore: *Die Macht der Meme*, Spektrum Akademischer Verlag 2000, Lizenzausgabe WBG.
Noam Chomsky: *Sprache und Geist*, Suhrkamp 1999.
Stephen Covey: *Die sieben Wege zur Effektivität*, Campus 1992.
Mihaly Csikszentmihalyi: *Das flow-Erlebnis*, Klett-Cotta 1999.
Antonio Damasio: *Descartes' Irrtum*, List Verlag 2004.
Antonio Damasio: *Ich fühle, also bin ich*, List Verlag 2001.
Richard Dawkins: *Das egoistische Gen*, Spektrum Akademischer Verlag 1994.
René Descartes: *Discours de la méthode pour bien conduire sa raison*, Leyden 1637.
Robert Dilts: *Identität, Glaubenssysteme und Gesundheit*, Junfermann 1991.
Christian de Duve: *Die Zelle*, Spektrum Akademischer Verlag 1984.
Viktor Frankl: *Gesammelte Werke*, Teilband 2. Hrsg. von A. Batthyany, K.-H. Biller und E. Fizzotti. Böhlau 2006.
Stephen Gilligan: *The Courage to Love – Principles and Practices of Self-Relations Psychotherapy*, Norton & Co, New York/London 1997; Deutsche Ausgabe: *Liebe dich selbst wie deinen Nächsten*, Carl Auer Verlag 1999.
Stephen Karpman: *Fairy Tales and Script Drama Analysis*, in: Transactional Analysis Bulletin 7: 39–43, April 1968.
Jerrold Katz: *Philosophie der Sprache*, Suhrkamp 1969.
Eva Koethen: *Annäherungen an Kunst im Bildungsprozess*, Hamburg 2001, S. 64.
Alfred Korzypski: *Science and Sanity*, Non-Aristotelian Library 1935.
Thomas Kuhn: *Die Struktur wissenschaftlicher Revolutionen*, Suhrkamp 1967.
Paul D. MacLean: *The triune brain in evolution*, New York 1990.
Arnold Mindell: *The Dreambody: Krankheit und Individuation*, Bonz Verlag, Fellbach-Oeffingen 1985.
Robert Ornstein, *Die Psychologie des Bewusstseins*, Fischer 1976.
Platon: Das Gastmahl, in: *Sämtliche Werke* Band 1, WBG 2004.
Bertrand Russell, Alfred North Whitehead: *Principia Mathematica*, Cambridge 1910–1913.
Hans Selye: *Einführung in die Lehre vom Adaptationssyndrom*, Thieme 1953.
Richard Sennett: *Der flexible Mensch – Die Kultur des neuen Kapitalismus*, Berlin Verlag 1998.

Ian Stewart, Vann Joines: *Die Transaktionsanalyse*, Herder 1990.
Francisco Varela: *Kognitionswissenschaft*, Suhrkamp 1990.

# Register